말랑한 가족의
쫀득한
만화 고사성어

말랑한 가족의 쫀득한 만화 고사성어

글 노은정
각색·일러스트 장세희
그림 장태희

뿌리와
이파리

서문

심야의 차 안에서 나눈 엄마와 딸의 이야기

우리집은 딸이 셋이다. 중국에서는 딸을 귀히 여겨 '첸진(千金)'이라고도 한다. 아이가 대부분 하나뿐인 중국의 지인들이 내가 딸이 셋이라고 하면 "집에 삼천금(三千金)이 있으니 정말 부럽네요!"라고들 한다. 물론 키울 때는 하루하루가 전쟁 같고 너무 힘들었지만, 크고 나니 딸이 셋이라서 정말 좋다. 집안일은 물론이요, 동성이기 때문인지 엄마의 입장을 더 잘 이해하고 편도 잘 들어준다. 그렇게 귀하고 고마운 딸들이지만 모든 워킹맘이 그러하듯 아이들이 어릴 때는 해야 할 일들에 치여 살뜰히 살펴주지 못했다. 그렇게 육아와 일의 병립이 힘들 때면 나는 항상 '고립무원(孤立無援)'과 '자력갱생(自力更生)'이란 성어를 떠올리곤 했다.

10년 전 대학에서 '중국 고사성어의 세계'라는 과목을 강의하면서 학생들에게 '내 인생의 고사성어'가 무엇인지 발표하게 했는데, 위의 두 성어를 예시로 들며 나의 이야기를 들려주었다. 육아의 고충을 친정엄마가 나누어주셨음에도 병행하기 힘든 육아와 일 사이에서 내가 느꼈던 무력감과 죄책감은 '고립무원' 그 자체였고, 내가 하고 싶은 것을 하기 위해서는 두 주먹 불끈 쥐고 '자력갱생'할 수밖에 없었다는 것을 설명했다. 학생들은 "헉… 너무 슬퍼요!"라며 한숨을 내쉬었다.

'고립무원'과 '자력갱생'은 고사성어(故事成語)인 동시에 예전부터 사용해온 관용어이고, 이 책에 실린 고사성어들은 역사적 인물에서 유래된 관용어이다. 고사성어를 통해서라면

고전과 역사도 배울 수 있기에, 딸들은 그다지 좋아하지 않았을지 모르지만 나는 딸들과의 대화에서 자주 고사성어를 언급했다.

내가 자력갱생을 외쳤던 것처럼 딸들도 과외 한번 제대로 못 받고 나름대로 자력갱생하며 지금까지 커왔다. 하지만 딸들이 고등학생 때 내가 꼭 챙겨준 것이 두 가지 있다. 아침밥 차려주는 것과 야간 자율학습이 끝날 때 데리러 가는 것이었다. 지금은 모두 대학생이 되었지만, 당시 아이들의 고등학교 생활은 딱할 정도로 정신이 없었다. 야간 자율학습으로 지친 딸들을 데리고 집으로 돌아오는 차 안 25분 남짓한 시간은 오롯이 나와 아이들만의 심야 이야기장이었다. 친구 관계, 성적 문제 같은 소소한 이야기뿐 아니라, 가혹한 입시 제도와 학벌 위주 사회를 향한 분개의 목소리도 거침없이 튀어나왔다. 그때 나는 주로 들어주는 입장이었지만, 때로는 먼저 그 길을 걸어본 인생 선배로서 이런저런 얘기도 해주었다. 그런데 내가 반평생 배워오고 스무 해 넘게 가르친 게 중국의 고전문학이었기에, 내가 들려주는 것은 양귀비와 항우·유방·손숙오·송 태조 조광윤·진시황제 같은 중국 역사 인물들의 이야기였다. 딸들은 이제 '성어(成語)'는 생각이 안 나지만 고사(故事), 즉 이야기만큼은 기억에 남는다고 한다.

그때 딸들에게 들려준 이야기를 이제 책으로 엮게 되었다. 딸들이 책 제작까지 함께할 수 있었던 것은 전적으로 뿌리와이파리 박윤선 주간님 덕이다. 원래는 텍스트로만 출판을 준비하던 중, 그림을 전공하는 딸들과 함께 만들면 어떻겠느냐는 뜻밖의 제안을 받았다.

그런데 막상 같이 작업을 해보니, 가족이라는 것이 꼭 편하게 작용하지만은 않았다. 의견 교환이 때로 엄마의 잔소리가 되기도 하고 두 딸의 투정이 되는 일도 있었다. 뒤섞인 화학약품처럼 잔소리와 투정이 몇 차례 서로 충돌하는 동안, 우리는 책과 함께 성장했다. 그 화학적 결합 덕분에 두 딸뿐만 아니라 요즘 젊은 세대의 생각과 감정까지 이해할 수 있게 되어, 나로서는 정말로 뜻깊은 경험이었다.

끝으로 예상보다 오랜 시간이 걸렸는데도 묵묵히 기다려주신 뿌리와이파리 출판사의 정종주 대표님과 박윤선 주간님, 박소진 편집자 님께 깊이 감사드린다. 나와 두 딸이 책 때문에 날카로워져 있을 때, 기꺼이 앞치마를 두르고 식사 담당을 자처하면서 분위기 메이커로 나서주었던 막내딸과 남편에게도 따뜻한 감사의 말을 전한다.

심야의 차 안에서 성장통을 앓는 고등학생 딸들을 위로하던 그 마음으로 이 책을 완성했다. 시간이 훌쩍 지난 뒤 딸들이 그 이야기가 도움이 되었다고 말해주었듯, 독자들에게도 이 책이 조금이나마 힘이 되기를 바란다.

2023년 2월 17일
북한산 아랫녘에서 노은정

차례

서문 … 5
등장인물 … 10

제1화 봄이 시작된다 … 11

제2화 중3은 괴로워 … 27

제3화 젊은 새내기 대학생의 슬픔 … 55

제4화 올해 스무 살인데요 … 77

제5화 뭉치면 죽겠고 흩어지면 살 것 같아요 … 101

제6화 내 모습 그대로 사랑하고 싶은데 ⋯ 123

제7화 세상이 액정에 보이는 것보다 가까이 있음 ⋯ 147

제8화 절대적 공정이 존재하나요 ⋯ 169

제9화 결혼은 선택⋯, 연애는 필수? ⋯ 199

제10화 조물주 위에 건물주라는데요? ⋯ 225

제11화 행복은 정말로 성적 순인가요 ⋯ 253

제12화 책 읽을 시간은 없는데 ⋯ 285

후기 1 ⋯ 312
후기 2 ⋯ 314

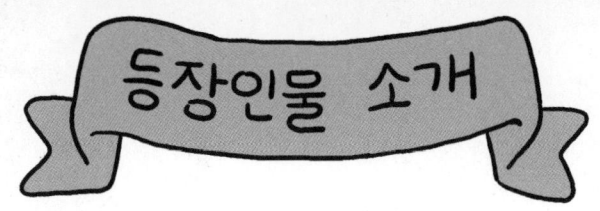

진이(첫째)

털털한 척하지만 사실은 주변 눈치를 많이 본다.
그만큼 분위기에 쉽게 휩쓸리고,
의견 표현을 잘하지 못할 때가 많다.
눈물겨운 입시 끝에 드디어 대학에 입학했다.
이제 스무 살, 하지만 조바심나는 일도
눈물나는 일도 너무 많다!

윤이(둘째)

무뚝뚝해 보이지만 의외로 낭만파.
알아서 앞가림 잘하는 모범생이지만,
생각이 깊은 만큼 속앓이도 많이 한다.
고등학교 진학을 앞두고 한참 예민한 시기를 보내고 있다.

엄마

중국 고전문학 전문 번역가. 고사성어 마니아다.
고사성어에서 본인이 얻은 감동을
주변에도 나눠주고자 하는 열정 덩어리.
하지만 그만큼 자신의 세계에 푹 빠져
주변을 놓칠 때도 있다.
한여름에도 따뜻한 아메리카노만 마신다.

아빠

중학교 수학 교사.
따뜻하고 온화한 성격으로,
가정의 평화를 위해 노력하는 멋진 아버지다.
특기는 요리, 취미는 프랑스 자수.
장미 모양으로 수 놓기를 특히 좋아한다.

제1화

봄이 시작된다

和 光
화할 화 　 빛 광

同 塵
한가지 동 　 티끌 진

풀어서 말하면 빛을 부드럽게 해서
속세의 티끌과 함께한다는 거야.

자신의 덕과 재능을 감추고,
세속을 따라 속인들과 어울리는 걸
비유하는 말이지.

노자
도가의 시조

너희, 노자는 들어본 적 있지?

물론이죠. 철학가잖아요.

오올, 유니유니, 공부 열심히 했나 본데?

노자의 사상을 바탕으로 한 『노자도덕경』에서 '도'에 대한 설명이 나와.

도라는 것은 우주 만물의 본체이고, 형태 지을 수 없는 형이상학적인 실재로서 존재하는 걸 말해.

도를 아십니까~?
저리 가세요...
이런 거 아냐?
아니야

길 도

도는 한자 의미로만 보면 '길'이라는 의미도 있고 '깨닫다'라는 의미도 있거든.

자신의 길을 닦는다는 의미에서 도를 닦는다고 하는 거지.

물론 이건 노자에서 나온 '도'랑은 조금 달라.

노자가 말하는 도는 철학적 개념이야.
만물을 창조한 원기*에 가까워.

종교에는 신이 있잖아?
만물을 만들어낸 신 말이야.

그런데 도는 신과 다르게
만물을 탄생시켰지만,
숭배받는 대상은 아니거든.

*원기: 만물이 자라는 데에
근본이 되는 정기.

그렇구나…
처음 알았어.

근데 이게
화광동진이랑
무슨 상관이에요?

도는 우주 만물의 본체이고, 모든 만물을 생겨나게 했지만
그 능력을 과시하지 않거든.

오히려 자신의 능력을 누그러뜨리고 사람과 함께 어울려.

사회에 어우러져 살기 위해서는
자신의 재능을 너무 뽐내기보다는
때맞추어 감추어야 할 필요도 있다는 거야.

요즘은 자기 PR의
시대라고 하던데요?

맞아, 다들
너무 겸손 떨면
오히려 별로라던데?

그 말도 맞아.
요즘 세상에서는 자신을 드러내라고 하잖니?
겸손만 떨면 자신의 능력은
어디서도 알아봐주지 않으니까 말이야.

회사에 지원서를 넣고 면접을 보는 것도, 대학에 자소서를 내는 것도
모두 모수자천이지.

털 모

따를 수

스스로 자

천거할 천

"일종의 인턴 같은 거네?"
"잘되면 정직원 되는 것도 비슷한데?"
직장인 멋있어~

"좋은 비유야!"
"현재의 회사랑 다른 점이 있다면 인턴 채용 규모가 많이 크다는 거겠지?"

진(秦)나라가 조나라의 수도 한단을 포위하자
조나라 왕은 초나라에게 구원병을 요청하기 위해 사신을 보내기로 결정했어.

그때, 협상의 대표로
조나라 혜문왕의 동생인
평원군이 가게 되었어.

평원군은 수천 명의 식객을 거느리고 있었지.
식객들을 전부 불러모아 문무를 겸비한
인재 20명을 뽑아 같이 가려고 했어.

근데, 19명은 수월하게 뽑았는데
마지막 한 명을 못 뽑겠는 거야.

흐으으음...

그때 모수라는 사람이 나서서
자신을 데려가라고 했지.

잠깐만요!

평원군이 모수에게 물어봤어.

재능 있는 자는 주머니 속 송곳과 같아서 가만히 있어도 존재를 드러내는데, 모수는 그 3년 동안 전혀 두각을 드러내지 않았으니까.

囊中之錐

주머니 낭　　가운데 중　　어조사 지　　송곳 추

그러자 모수는 말했지.

"그래서 소신은 오늘 주머니 속에 넣어달라고 청하는 것입니다."

"제가 주머니 속에 들어갈 수 있었더라면,"

"송곳 끝만이 아니라 송곳의 자루까지 밖으로 나왔을 것입니다."

우와…
와작!
그럼 모수가 가게 됐어요?

초나라와 조나라의 회담은 해가 뜰 때 시작해서 중천에 다다랐을 때까지 별 성과를 거두지 못했어.

조나라는 회담에서 진나라에 대항하기 위해 동맹을 맺어야 한다는 '합종'을 주장했거든.

근데 모수가 단상에서 논리를 펼쳐 합종을 성사시켰어.

아직도?
눈 부셔~!

평원군은 다시는 선비의 관상을 보지 않겠다고 하며 모수를 상객*으로 삼았지.

*상객(上客): 지위가 높고 귀한 손님.

모수자천은 자신에 대한 어필이 중요하다는 이야기야.

그런데 생각해봐야 할 게 있어.

과연 모수가 자신의 재능에 대해 가볍게 말하고 다녔으면 어땠을까?

어… 솔직히 믿음이 안 갔을 거 같아요.

어우~ 재수없지.

재능은 적재적소에서 드러내야 해.
자신이 나설 때를 알아야 한다는 거지.

자신이 돋보이다보면 남들의 시선을 집중시키고
그만큼 공격받기도 쉬워지거든.

자신을 낮추고 서로를 존중하며 어우러진 삶을 살았으면 좋겠어.
기회가 왔을 때 스스로의 빛을 보여줘야지.
매번 콧대 높게 다니다보면 남의 이야기를 못 듣기 마련이야.

제2화
중3은 괴로워

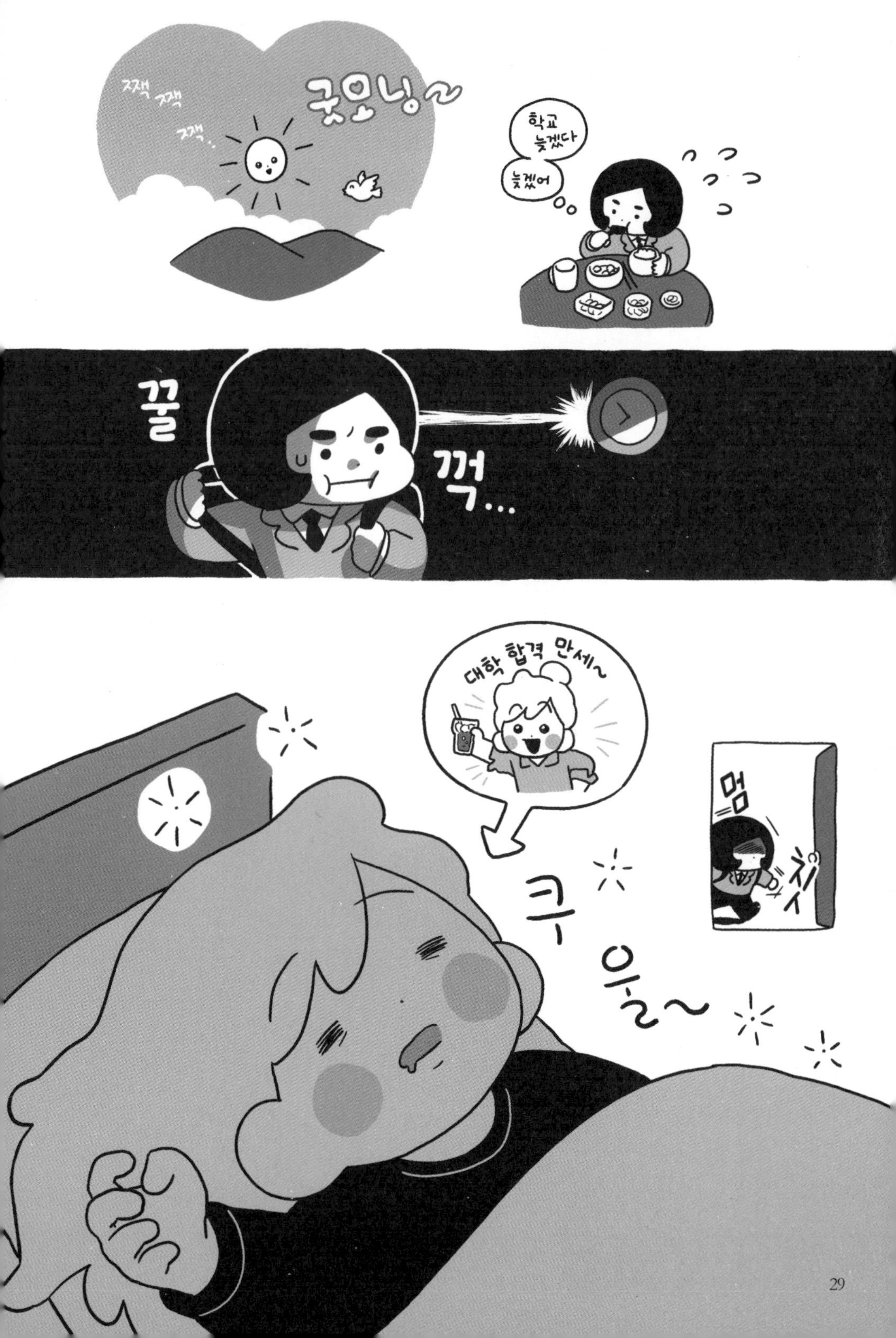
짹짹 짹짹
짹짹…
굿모닝~
학교 늦겠다
늦겠어
꿀
꺽…
대학 합격 만세~
멈
칫
쿠 울~

"그러지 말고, 엄마랑 하나하나 보는 건 어때? 뒷이야기도 들려줄게."

"언니 일은… 정말 미안하다."

"개강했으니 나아졌겠지 했는데 우리 막내가 고생하고 있었구나. 요즘 계속 오전에 일이 있어서 몰랐어."

"…여호모피랑 점입가경이 잘 안 외워져요."

너 신경 쓸 일 없게 앞으로는 엄마아빠가 챙길게

"먼저 여호모피부터 볼까?"

與虎
더불 여   범 호

謨皮
꾀할 모   가죽 피

"그대로 풀어보면 호랑이에게 가죽을 요구한다는 얘긴데,"

"근본적으로 이룰 수 없는 일에 대한 비유야."

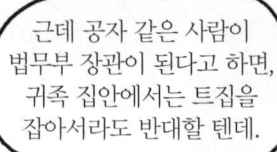

근데 공자 같은 사람이 법무부 장관이 된다고 하면, 귀족 집안에서는 트집을 잡아서라도 반대할 텐데.

그치?

왠지 자유분방한 이미지...

좌구명이 말하길, 삼환은 공자와 정치적 이해가 서로 어긋나므로 반대할 거라면서, 우화를 하나 예로 들어 설명했어.

가죽옷을 말하는 옛 단어야!

갖옷과 맛있는 음식을 좋아하는 주나라 사람이 있었습니다.

그 사람은 천금의 값어치가 있는 갖옷을 가지고 싶어서 여우들과 가죽 벗기는 일을 의논하고,

맛있는 음식을 먹기 위해서 양들과 고기를 얻는 일을 의논하려 했습니다.

아니. 이게 대체 무슨 소리야?

황당~

그 주나라 사람의 말이 끝나기도 전에
여우들은 줄줄이 깊은 산속으로 도망가버렸고,
양들은 울창한 숲속으로 숨어버렸습니다.

그래서 그는 10년 동안 갖옷 한 벌도 만들지 못하고,
5년 동안 양고기를 구경도 하지 못했다고 하지요.

좌구명은 그 사람이 의논할 대상을
잘못 찾아서 그런 거라고 했어.

애초에
그 주나라 사람
사고방식이 이상해요.

게다가 욕심이 너무 많아!

아무튼 그 이야기를 들은 정공은
삼환과 의논하지 않고
공자를 사구로 임명했지.

우리는?

삼환 (계·숙·맹손)

어, 잠깐만요.

여우에게 얘기했다는데,
여기는 호랑이라고 쓰여
있는데요?

원전은 여우가 맞아.
시간이 흐르면서
'여우 호'가 '범 호'로
바뀐 거지.

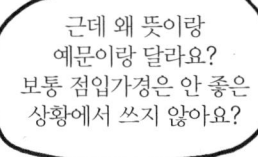

동진의 재상이자 문화인이었던 사안은
고개지를 천지개벽 이래
최고의 인물이라고 했어.

한국에는 솔거가 있잖니?
중국 동진에는 고개지가 있었던 거지.

솔 거?

아, 그 화가 있잖니.
신라시대에 황룡사에
소나무를 그렸는데

이 벽화가 진짜 나무인 줄 안
참새들이 앉으려다가
벽에 부딪쳐 떨어졌다는 이야기.

아. 어렸을 때
학습지에서
봤어요.

고개지는 와관사가 지어질 때 백만 전을 낼 테니
절이 완공되면 알려달라 했었거든.

승려들은 믿지 못했지.
초라한 스무 살 청년이 백만 전을 어떻게 내.

얼마 후 절이 완공되었어.

"그림 솜씨도 대단한데 수완가 기질이 있네요."

"절이 안 지어졌으면 고개지가 알려지지도 못했을 텐데 말이에요. 머리도 좋고, 재주도 있었구나."

"그래서 삼절이라 불렸어."

"그림에 뛰어나고" "재주가 뛰어나고" "이상한 짓도 탁월하게 한다고 말이야."

畵絶才絶痴絶

그림 화 / 뛰어날 절 / 재주 재 / 뛰어날 절 / 어리석을 치 / 뛰어날 절

"당시에도 이해하기 힘들었나보네요…."

"이 사람이 점입가경을 말하게 된 일화도 참 어이없어."

"고개지는 사탕수수를 즐겨 먹었는데 말이야."

우물 우물

"사탕수수요?"

사탕수수는 뿌리 부분으로 갈수록 달거든.

그래서 보통 뿌리와 가까운 가지를 먹지, 달지 않은 부분은 잘 먹지 않아.

근데 고개지는 항상 윗부분의 가느다란 가지부터
먼저 씹어 먹는 거야.

이상하게 생각한 친구들이 묻자 고개지는 태연하게 답했어.

점입가경이라네.

씹어 먹을수록
단맛이 난다고
저렇게 표현한 거야.

진짜 치절이네요.

그때부터 점입가경은 경치나 문장, 또는
어떤 일이 갈수록 재미있게 전개되는 걸 뜻하게 되었어.

하지만 현대에 와서는,
갈수록 상황이 나빠질 때 반어적으로 쓰게 되었지.

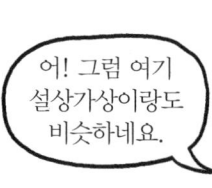

可觀

가능할 가   볼 관

아까 말한 대로
가관이랑 비슷하게
사용돼.

어! 그럼 여기
설상가상이랑도
비슷하네요.

雪上加霜

눈 설 　　 윗 상 　　 더할 가 　　 서리 상

설상가상은 눈 위에 서리가 더한다는 의미로 나쁜 일이 계속해서 일어난다는 뜻이니까, 요즈음 점입가경이 쓰이는 의미와 비슷해.

錦上添花

비단 금 　　 윗 상 　　 더할 첨 　　 꽃 화

사실 점입가경의 원래 뜻은 금상첨화랑 비슷하지. 금상첨화는 비단에 꽃까지 그려져 있다는 것으로 좋은 것에 좋은 게 더해졌다는 뜻이거든.

오~ 이제 진짜 이해돼요!

금상첨화는,

감자튀김에 콜라 같은 거지. 함께 먹으면 더더 맛있어지잖아?

요즘 학생들은 다 이렇게 먹지?

깜짝

쾅

엄마!

전 마라탕에 마라샹궈 먹을래요.

띠 띠 띠 띠

속 버린다...

맛있겠다~

고개지(顧愷之)

고개지는 중국 동진(東晉) 시기의 화가로, 인물화의 새로운 정형을 제시한 중국 인물화의 최고봉으로 일컬어진다. 고개지가 인물화를 잘 그리게 된 것은 그의 집착적인 그림 그리기 때문일지도 모른다.

고개지의 어머니는 그가 태어난 지 얼마 안 되어 세상을 떠났는데, 어느 날 어린 고개지가 아버지에게 물었다.

"다른 친구들은 다 어머니가 계시는데, 왜 나만 어머니가 없는 겁니까?"

"네 어머니가 너를 낳았기에 지금 이렇게 아비와 대화를 하는 것인데, 어찌 어머니가 없다고 하느냐? 어머니가 일찍 돌아가신 것일 뿐 네게 어머니가 없는 것은 아니란다."

고개지는 어머니의 얼굴이 기억나지 않는다고 하면서, 아버지에게 어머니의 모습에 대해 자주 물었다. 아버지는 그가 질문할 때마다 어머니의 모습을 자세하게 설명해주었다. 고개지는 아버지가 말로 설명해주는 어머니의 모습을 귀담아 듣고, 그 설명을 바탕으로 어머니의 초상을 그렸다. 그리고 초상이 완성되면 아버지에게 가지고 가서 어머니의 모습과 닮았냐고 물었는데, 아버지는 늘 닮았다고 답하면서도 아쉬운 표정을 감추지 못했다. 그렇게 아버지가 설명해주고, 고개지가 어머니를 그리는 일이 수없이 반복되던 어느 날, 아버지는 고개지가 그린 초상화를 보고는 두 눈을 크게 뜨고 손뼉을 치면서 감탄했다.

"똑같다, 엄마랑 똑 닮았다!"

그제야 고개지는 만족스러운 듯 붓을 내려놓았다. 그렇게 고개지는 일찍 돌아가신 어머니의 모습을 마음과 화폭에 가득 담아낼 수 있었다.

우공이산(愚公移山)

어리석은 영감이 산을 옮긴다는 뜻으로, 어떤 일이든 꾸준하게 열심히 하면 반드시 이룰 수 있음을 이르는 말이다.

어느 노인이 지나다니기에 불편하니 삽으로 흙을 퍼 산을 옮기겠다고 했을 때, 이웃들은 불가능하다며 비웃었다. 그러나 노인의 자식들이 대를 이어 흙을 계속 퍼낸 끝에, 정말로 산을 옮길 수 있었다고 한다.

*우공이산.

제3화

젊은 새내기 대학생의 슬픔

人生天地間,
사람이 하늘과 땅 사이에 사는 것은

若白駒之過隙,
마치 흰 말이 달려가는 것을 문틈으로 보는 것처럼

忽然而已.
순식간이다.

注然勃然, 莫不出焉.
모든 사물은 물이 솟아나듯 문득 생겼다가,

油然漻然, 莫不入焉.
흐르듯 사라져가는 것이다.

已化而生, 又化而死.
즉 사물은 모두 자연의 변화에 따라 생겨나 다시 변화에 따라 죽는 것이다.

---『장자·지북유』

춘추전국시대의 사상가인 장자는,

삶은 마치 흰 말이 달려가는 순간을 문틈으로 보듯 순식간에 지나간다고 했지.

한마디로 인생은 찰나라는 거야.

짧은 인생, 자잘한 고민만 하면서 좋은 시간을 흘려보내면 아깝지 않겠니?

하지만…

계속 조바심이 나는걸.

계속 앞만 보며 달려왔는데, 거기가 결승선도 아니었던 데다가 더 가야 한다니까…

다들 달리는데 나만 멈추면 불안해.

知 天 命
알 지   하늘 천   명령 명

힘들면 그 자리에 멈춰서 쉬어도 괜찮아.

지천명의 나이인 엄마가 하는 얘기니까 믿어봐!

지천명? 엄마 나이는 쉰….

지천명이 쉰을 비유적으로 이르는 말이야!

공자가 자신의 인생을 되돌아보면서 그렇게 말했거든.

"나는 나이 열다섯에 학문에 뜻을 두었고,

志 學
뜻 지   배울 학

서른에는 뜻이 확고하게 섰으며,

而 立
말이을 이   설 립

마흔에는 미혹되지 않았고,

不 惑
아닐 불   미혹할 혹

쉰에는 하늘의 명을 깨달아 알게 되었으며,

知 天 命
알 지   하늘 천   명령 명

예순에는 남의 말을 듣기만 하면 곧 그 이치를 깨달아 이해하게 되었고,

耳 順
귀 이   따를 순

일흔이 되어서는 무엇이든 하고 싶은 대로 하여도 법도에 어긋나지 않았다."

從 心
따를 종   마음 심

세상일이 너무 힘들고 낯설어서
모든 게 겁이 날 때도 있지.

그런데 숲에서
길을 잃고 헤맬 때에는
숲에서 나와보기도
해야 하는 거거든.

숲에서?

응. 일부를 보는 게 아니라 넓게 보는 거야.

살아가면서 만나게 될 산이
과연 하나뿐일까?

그러니까 그 기나긴 길을 가기 위해서는
쉬어줘야 해.

『손자병법』에서 말하는 '이일대로'는 이런 뜻이야.

편안하게 휴식을 취하고, 피로하고 힘들어하는 적을 대적한다.

푹 쉬고 난 다음 적을 상대해야 유리한 위치를 가져갈 수 있지 않겠니?

항복...

아~ 이거 그거랑 비슷하네!

만화 『던전밥』을 보면, 어떤 상황에서든 먹는 걸 챙기거든. 잘 먹고 푹 쉰 사람이 강한 거라고.

만화?

그…래?

하여튼, 모든 고민거리를 마주할 때마다 지치고 아프면 힘들잖아.

그럴 때 아무 생각하지 말고 맛있는 걸 먹고 편안히 쉬는 거야.

…먹고 싶은 거 말하면 사줄 거야?

당연하지! 먹고 푹 쉬자~.

『주역』은 주나라의 역으로, 역은 '바뀌다, 변하다'라는 뜻이야.

周 易

주나라 주   바꿀 역

아니~
『주역』은 가장 난해한 경전으로 꼽히는데,
유가의 오대경전 중 하나야.

천지 만물을
끊임없이 변화하는 자연현상의 원리로
설명하고 풀이하면서,
모든 것이 음양의 조화로
운행되어 변천해간다고 말하고 있지.

『주역』에서는 하늘의 운행은 건장하니
군자는 그것을 본받아
스스로 강건하여 쉼이 없어야 한다고
말하고 있어.

그러니까 힘들 땐 충~분히 쉬지만,

목표를 향해 나아가는 건 멈추지 말라는 거지.

인생은 국소적으로
볼 필요도 있고
광범위하게 볼 필요도 있어.
그러니 우리 딸
쉬면서 열심히 하자!

아자!

파이팅~

광

*표리부동: 겉으로 드러내는 언행과 속으로 가지는 생각이 다름.

表裏
겉 표 　　　속 리

不同
아닐 부 　　　한가지 동

나이를 나타내는 한자

환갑(還甲), 회갑(回甲): 61세
천간(天干) 10개와 지지(地支) 12개를 순서대로 조합하여 만든 간지(干支) 60개를 육십간지 혹은 육갑이라고 한다. 이 60간지를 한 바퀴 돌아 자신이 태어난 해의 간지와 같은 해가 되는 것을 말한다.

상수(桑壽): 48세
뽕나무 상(桑) 글자 속에 십(十)이 4개가 있고, 팔(八)이 있어 더하면 48이다.

화갑(華甲): 61세
화(華) 글자 속에 십(十)이 6개가 있고, 일(一)이 있어 더하면 61이다.

고희(古稀): 70세
당나라의 시인 두보(杜甫)가 지은 「곡강시(曲江詩)」에 나오는 구절에서 유래했다. "인생칠십고래희(人生七十古來稀)." 사람은 예로부터 70세까지 사는 경우가 드물다는 뜻이다.

칠순(七旬): 70세
팔순(八旬): 80세
구순(九旬): 90세
순(旬)은 열흘을 뜻하기도 하고 (한 달을 셋으로 나누어 상순, 중순, 하순이라고 함) 10년을 뜻하기도 한다.

희수(喜壽): 77세
기쁠 희(喜)자의 초서*가 '七十七'과 비슷하기에 77세를 지칭한다.

*초서(草書): 빨리 쓰기 위해 필획을 생략해 곡선 위주로 흘려 쓰는 한자 서체.

망구(望九): 81세
90세를 바라보는 나이.

'할망구'라는 호칭은 할머니가 90세까지 살기 바라는 마음으로 '망구'라 부른 데서 유래했다는 말도 있어!

반수(半壽): 81세
반(半)자를 파자*하면 팔(八)+십(十)+일(一)이 된다.
*파자(破字): 글자를 분해하는 것.

미수(米壽): 88세
미(米)자를 파자하면 팔(八)+십(十)+팔(八)이 된다.

졸수(卒壽): 90세
졸(卒)자의 초서가 '九十'과 비슷하기에 90세를 지칭한다.

망백(望百): 91세
100세를 바라보는 나이.

백수(白壽): 99세
백(百)에서 일(一)을 빼면 백(白)이 되기에, 99세를 지칭한다.

상수(上壽): 100세 이상
100세를 최상의 수명이라고 생각하여, 100세 이상의 나이를 상수라고 한다.

제4화

올해 스무 살인데요

白	面
흰 백	낯 면
書	生
글 서	날 생

> **틈새 상식!**
>
> 중국 당나라 다음 왕조가 송나라다.
> 그러나 이보다 7세기 정도 앞서서, 즉 한나라 이후의 분열기인 위진남북조 시대 때 남조에서 유유劉裕란 사람이 세운 나라 이름도 송나라였다.
> 이 남조의 송나라는 중국 전역을 통치한 송나라(당나라 다음의 왕조)와 구분하기 위해 유송(劉宋, 건국자 유유劉裕의 성을 따서)이라고도 한다.
>
>
> 420~479   960~1279

남북조 시대,
남조 송나라 3대 황제인 문제 때

오(절강성) 땅에
심경지라는 사람이 있었어.

심경지는 어릴 때부터 무예를 배워
그 실력이 아주 뛰어났다고 해.

전 왕조인 동진의 유신*인
손은 장군이 반란을 일으켰을 때,

*나라가 멸망하고 남겨진 신하.

심경지는 열 살의 어린 나이로
한 무리의 사병을 이끌고 반란군과 싸워
번번이 승리하여 이름을 떨쳤지.

인생도 똑같아.
지금까지는 학교에서
글로 이루어진 지식들을 배웠다면,

이제는 사회 구성원으로서
배워야 할 걸 배우는 과정인 거지.

그러면서 어제의 너보다 오늘의 네가
더 많이 성장하고 있는 거야.

일신우일신이지!

日 新
날 일　　새로울 신

又 日 新
또 우　　날 일　　새로울 신

약 3600년 전 중국에
고대 국가 상나라가 있었어.

하나라의
포악한 걸왕을 쫓아내고
상나라를 건국해서
백성을 돌보는 정치를 했던 성군이
바로 탕왕이야.

탕왕은 어느 날 새벽에
동쪽 하늘이 밝아오는 걸 보면서
나라를 잘 다스려
백성들을 편하게 할 방법을
고민하고 있었어.

교과서에서 튀어나온 성군이 할 법한 생각인데.

그런 생각에 막막하던 그때,
한 덩이 붉은 해가
동산 위로 얼굴을 내밀기 시작했지.

自 勝 者 强

스스로 자   이길 승   놈 자   강할 강

노자가 지었다고 전해지는 도가의 대표적인 경전. 상·하 2편 81장 약 5000자로 전국시대 말기까지 노자의 사상을 응축하여 도가 사상을 집대성한 책이다.

남을 아는 사람은 지혜롭다고 하지만,
자기를 아는 자야말로 진정으로 밝은 것이다.

남을 이기는 자는 힘이 있다고 하지만, 자신을
이기는 자야말로 진정으로 강한 자이다.

우리는

매일 스스로를 이겨내면서
새로운 걸 익히고

매일 새로운 사람이 되어서
살아가는 거야.

그러니까 같이 힘내보자, 파이팅!

이렇게 얘기해주면 되겠지?

똑 똑 똑

엄마 들어갈게~.

(진이 방)

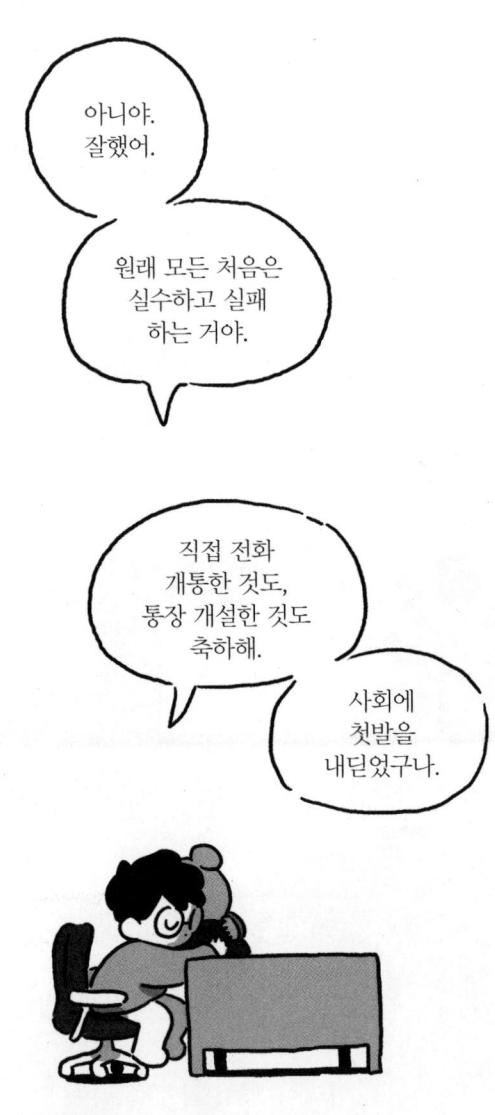

제5화

뭉치면 죽겠고
흩어지면 살 것 같아요

"둘이 아주 힘든 하루를 보냈나보네."

"하지만, 다 같이하는 과제를 굳이 내주는 데에는 이유가 있지 않겠어?"

"인생 혼자 사는 게 아니니까 중심성성하자는 거지."

"중심성성…?"

무리 중

마음 심

이룰 성

성 성

"여러 사람의 마음이 성을 이룬다. 여럿이 마음을 합쳐 단결하면 못할 일이 없다는 것을 비유하는 말이야."

춘추시대 말, 주나라 경왕이
거대한 종을 만들려고 했어.

단목공과 악사 주구는
조화로운 소리를 내지 못할 뿐 아니라
백성들을 괴롭히고 재물을 낭비할 거라며 만류했지.

하지만 경왕은 충언을
듣지 않고
종을 만들었어.

이거 전형적인 못된 왕 이야기 서두인데.

하지 말라는 거 굳이 하다가 망하기 딱 좋지.

결국 종은 완성되었고,
아첨하기 좋아하는 악공들은
종소리가 매우 조화롭고 듣기 좋다며
경왕에게 아부했어.

그러자 경왕은 기분이 좋아져서
종을 만드는 걸 반대한 주구를 불러서 말했지.

모두들 종소리가 매우 듣기 좋다고 하는데,

그대가 지나치게 염려한 것이 아니겠소?

주구가 말했지.

"왕께서 종을 만들어 백성들이 모두 즐거워해야 그 소리가 조화로울 수 있는 것입니다.

"그런데 지금은 백성들을 힘들게 하고 그들의 재산을 축나게 함으로써, 백성들이 모두 왕에 대하여 원망하는 마음을 품고 있으니,

이러한 상황을 어찌 조화롭다고 말할 수 있겠습니까?"

"백성들이 좋아하는 일은 성공하지 못하는 경우가 매우 드물고, 백성들이 싫어하는 일은 실패하지 않는 경우가 매우 드문 법입니다.

衆心成城
중심성성

衆口鑠金
중구삭금

그러므로 속담에 '여러 사람의 마음이 성을 이루고, 여러 사람의 입은 쇠도 녹인다'고 한 것입니다."

膠柱
아교 교　　　　　　기둥 주

鼓瑟
두드릴 고　　　　　　큰 거문고 슬

조괄은 소년 시절부터 병법을 배워 군사에 관한 이야기를 잘 했어.
천하에 병법가로서는 자기를 당할 사람이 없다고 자부했지.

일찍이 조괄의 아버지인 조사도
함께 병법을 토론했을 때
조괄을 당해내지 못했다고 해.

그렇지만 조사는 한 번도 아들을 칭찬한 적이 없었어.

조사의 부인이 그 이유를 물어보자
조사는 다음과 같이 말하며 걱정을 했대.

전쟁이란 죽음의 땅이다.
그런데 괄은 그것을 가볍게 말한다.

조나라가 괄을 장군에
임명하는 일이 없다면 다행이겠지만,
만약 그 애가 장군이 되면
조나라 군대를 망칠 자는 괄이 될 것이다.

와…
이건 거의
저주인데요?

그만큼 조괄의 재능을
염려했다는 거겠지?

조괄의 어머니는
아들이 출발하기에 앞서
왕에게 글을 올렸어.

아들이 장군으로서 자질이
부족하다는 걸 설명하고,
장군으로 삼지 말 것을 건의했지.

하지만 왕은
도무지 말을 듣지 않았어.

그래서 조괄의 어머니는
혹시라도 아들이 소임을 다하지 못하더라도,
자신을 자식의 죄에 연루시키지 말 것을 간곡히 부탁했어.

왕은 이를 수락했지.

진나라는 조괄이 장군이 되었다는 소식을 듣자,
극비리에 백전노장인 백기를 상장군에 임명했어.

그 후 장벽을 쌓아 진지를 구축하고,
군대를 한곳으로 모아 완전히 섬멸할 작전을 세웠지.

조괄이 기선 제압을 위해 진나라 군대를 공격하자,
백기의 군대는 거짓으로 패한 척하며 달아났어.

하지만 한편으로는 복병을 배치시켜,
조나라 군대의 뒤를 끊었지.

조나라 군대는 몇 번의 승리에 자만해
이게 계략인 줄도 모르고,
진나라 군대를 계속 추격했어.

백기의 예상대로 함정에 빠진 거야.

식량 보급로와 구원병이 차단되어
고립된 조나라 군대는 결국 대패하고
조괄은 전투 중 화살에 맞아 죽었지.

살아남은 조나라 군사
수십만 명이 항복했지만,
진나라는 이들을
구덩이에 파묻어 죽였다고 해.

『논어』에 실린 이야기야.
공자께서 말씀하셨다. 군자는 화이부동하고, 소인은 동이불화(同而不和)한다.

즉, 군자는 조화를 추구하되 획일적이지 않으며, 소인은 획일적이되 조화를 추구하지 않는다.

해석하면 군자는 서로의 개성을 존중하면서도 조화를 이루지만, 소인은 서로의 다름을 인정하며 어울리지 못하고 똑같기만을 요구한다는 뜻이야.

제6화

내 모습 그대로 사랑하고 싶은데

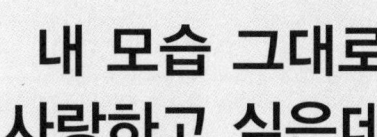

야, 너 술 취했냐?
뭔 충고를
하고 있어!
쟤 적당히
좀 먹여라!
와하하
아오,
술만 마시면
저놈의 주둥아리가
문제야, 문제!
...
어둑
어둑..
털썩
잠옷
ㅇㅇㅇ...
벌떡
토독
다이어트
톡

그럼 자세히는 모르겠네?
중국 고대소설을 읽어보면,

'침어낙안의 용모, 폐월수화의 아름다움'
이라는 말로 여인의 아름다움을 묘사하거든.

沈 魚 落 雁

가라앉을 침 　　 물고기 어 　　 떨어질 낙 　　 기러기 안

閉 月 羞 花

가릴 폐 　　 달 월 　　 부끄러울 수 　　 꽃 화

이 중에 침어는 서시, 낙안은 왕소군,
폐월은 초선, 수화는 양귀비를 가리키는 말이야.

네 명을 가리키는 말을 한꺼번에 합친 거야?

맞아!

서시에 대한 이야기부터 해줄게.
서시는 춘추시대 말기의 월나라 사람이었어.

어느 날 서시가
강변에서 빨래를 하고 있었어.

그때 강 속의 물고기가 서시의 얼굴을 보고, 지느러미 움직이는 걸 잊고 천천히 강바닥으로 가라앉았다고 해.

沈魚

가라앉을 침 　 물고기 어

그래서 물고기가 가라앉았다는 뜻의
'침어'라는 칭호를 얻게 된 거지.

에이…
그게 말이 돼?

그 정도로
예뻤다는 거겠지?

왕소군은 한나라 원제의 후궁이었어.
원제가 화친을 위해 흉노와
결혼 동맹을 맺기로 했을 때의 일이야.

흉노의 왕에게
후궁 중 한 명을 보내려는데,
얼굴을 직접 보는 대신
초상화를 보고 골랐다고 해.

그런데 후궁들의 초상화를 맡은
화공 모연수가
자기한테 뇌물을 준 후궁들을
더 예쁘게 그린 거야.

후궁들이 너무 많다보니,
평소에도 원제는 화공에게 초상화를 그리게 한 뒤
그걸 보고 누구와 동침할지 결정했다고 해.

그래서 황제의 선택을 받기 위해
앞다퉈 뇌물을 줬던 거야.

그렇지만 왕소군은
부유하지도 않았고
나름 자존심도 있어
뇌물을 주지 않았어.

뇌물이 없자 모연수는
왕소군을 대충 그렸고 말이야.

원제는 그렇게 그려진 초상화를 보고,

왕소군을 흉노로 보낼 희생양으로 삼은 거지.

왕소군은 선우와 결혼을 해서 한나라를 떠나게 되었어.

막간 상식!
흉노에서는 왕을 선우(單于)라고 불렀어.

흉노로 떠나는 길, 멀리 날아가는 기러기를 보며 왕소군은 다시 돌아오지 못할 고향 생각에 비파를 탔어.

한 무리의 기러기가 비파를 타는 왕소군의 미모에 놀라, 날개 움직이는 걸 잊어버려 땅으로 떨어졌다고 해서 '낙안'이라는 칭호를 얻었지.

돈 안 준다고 대충 그린 화가도 어이없지만,

사람을 화친에 쓸 물건 취급한 게 제일 화나.

참고로 모연수는 얼마 후에 처형당했어.

덜 예쁜 사람을 골라서 보낸 것도 짜증 나고

왕이 왕소군의 얼굴을 직접 보고 초상화가 잘못되었단 걸 알았거든.

극단적이네! 옛날이라 그런가?

애초에 후궁을 왜 그렇게 많이 들였대? 징그럽게...

落 雁

떨어질 낙   기러기 안

그다음은 초선인데,
나머지 셋과 다르게
초선은 실존 인물이 아니야.

소설 『삼국지연의』의 등장인물로,
한 헌제 때의 대신인
왕윤의 가기였어.

왕윤은 사도(司徒)라는 높은 관직에 있었어.

그래서 손님들을 초대해 연회를 열 때면
가기들이 춤을 추고 노래를 불렀지.

초선은 원래 가기였지만,
왕윤이 나중에 자신의 수양딸로 들였지.

마지막은 양귀비야.

양귀비는 입궁한 후에
하루 종일 우울해했어.

그러던 어느 날,
화원에 가서 꽃을 감상하며 우울함을 달래다
무심코 함수화를 건드린 거야.

함수화가 바로 잎을 말아올렸지.

??
함수화?

혹시 미모사 알아?
건드리면 잎이
접히는 식물 말이야.

미모사 Mimosa pudica

잎을 건드리면
오므라들며 밑
으로 처진다.
양귀비 이야기
의 함수화는 미
모사로 추정됨.

아아, 할머니댁
마당에 있던 거!
어렸을 때 맨날 건드리고
놀았는데.

羞花

부끄러울 수 　　꽃 화

함수화가 잎을 말아올리는 걸 보고,

당 현종이 양귀비의
'꽃조차 부끄러워하는 아름다움'에 감탄하며
그를 절대가인이라고 칭했다고 해.

그냥 비유지.

미모사는
누가 건드려도
무조건 접히잖아….

그거 아니?
엄마가 말한 중국의 사대미인 중에
양귀비는 통통한 체형이었고
나머지 초선과 왕소군, 서시는 마른 편이었어.

긴 역사 속에서 미의 기준이라는 건
나라와 문화마다 다르고 계속 바뀌어왔어.

그렇게 자주 바뀌는 게 절대적인 기준일 리 없잖니?

그래서 그렇게 형성된 미의 기준에 집착할 필요 없다고 말해주려 했지.

그럼 역시 큐티 프리티한 나는 사회에서 말하는 미의 기준에 맞출 필요가 없는 거지?

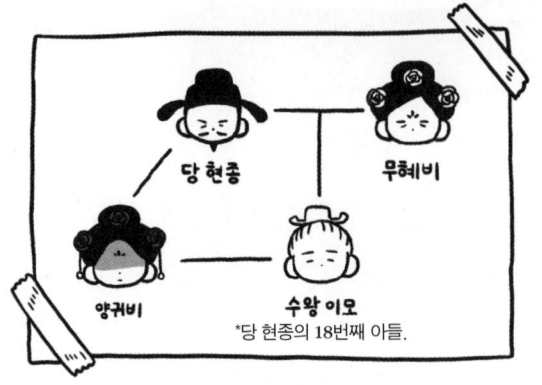

양귀비의 본명은 양옥환인데,
당 현종의 며느리이자 후궁이었어.

17살에 수왕 이모와 결혼했는데,
22살의 양귀비를 본 현종이
한눈에 반해버린 거야.

일종의 신분 세탁을 위해,
당 현종은 양귀비를 여도사로 만들었어.

몇 년 후 양귀비를 귀비*로 책봉하는데,
당시 황후 자리가 공석이어서
실상 황후나 다름없는 내명부 일인자가 됐어.

*내명부의 관직명.

*안사의 난 : 안록산과 사사명이 일으킨 난.

보통 안사의 난*이 당나라의 멸망을 불렀다고 해.
난을 일으킨 안록산은 양귀비의 수양아들이었고,
당시의 무능한 재상 양국충이 양귀비의 친척오빠였지.

하지만 여기서 생각해볼 건,
안사의 난이라든지 당나라의 쇠퇴가

정말 양귀비 때문이냐는 거야.

사람들은 양귀비가 나라를 망하게 했다고 욕하지만,

양귀비의 권력이 아무리 강해도
정말로 당나라를 좌우할 수 있는 건 황제인 현종이었잖아.

현종은 처음 황제가 되었을 때
꽤 괜찮은 지도자였다고 해.

자기가 쓴소리 계속 들어가며
정무에 힘쓰느라 야위어갈수록,
백성들은 살찔 거라고 하기도 했다나.

그래서 개원성세(開元盛世)라는
최고의 번영기를 이룩할 수 있었지.

하지만 양귀비,
즉 양옥환에게 집착하기 시작하면서
모든 게 바뀌었어.

양옥환은
28살에 귀비가 되었어.

그때 현종은 62세였지.

몇몇 역사가들은 안사의 난이 여화(女禍),
즉 여성으로 인한 재앙이라고 말해.

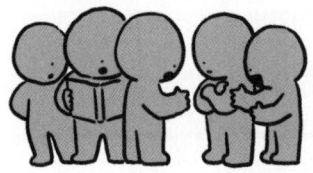

하지만 현종이 현명한 황제에서 어리석은 황제로 추락한 것은
우선 본인 문제지.

양귀비가 정사에 직접 참여한 것도 아니고,

예쁜 양귀비랑 노느라 국정을 멀리한 것도
결국은 현종의 선택이잖아?

예쁜 애들은 뭘 해도 예쁘다며
실컷 즐기다가

문제가 일어났다고
다 저 여자 때문이라고 손가락질하면
예쁜 걔는 무슨 죄야?

…예쁜 게 죄가 되는 건가?

안사의 난을 피해 도망가는 길에,
38살이던 양귀비는 결국 현종의 명에 따라 자결했어.

양귀비가 실제로 어떤 생각을 했는지는 아무도 몰라.

역사 속에서도, 남은 기록 안에서도 그들의 생각은 찾아볼 수 없어.

그들도 그냥 사람일 뿐인데 말이야.

우선, 아주 어린 코끼리를 데려다가
말뚝에 묶어둬.

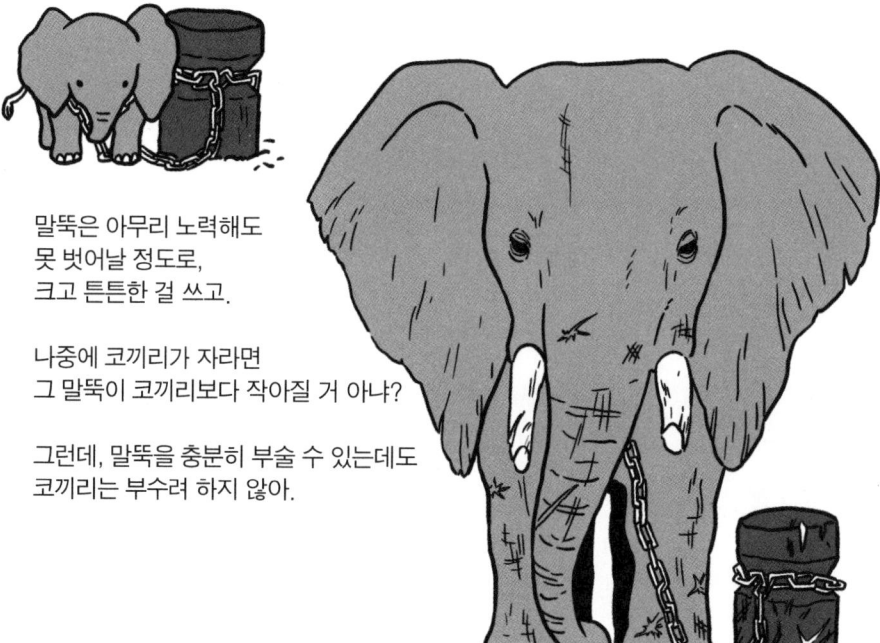

말뚝은 아무리 노력해도
못 벗어날 정도로,
크고 튼튼한 걸 쓰고.

나중에 코끼리가 자라면
그 말뚝이 코끼리보다 작아질 거 아냐?

그런데, 말뚝을 충분히 부술 수 있는데도
코끼리는 부수려 하지 않아.

여전히 어린 시절의 고통스러운 기억에 사로잡혀 있어서,
영원히 그 말뚝으로부터 벗어날 수 없다고 생각한다더라.

세뇌당하는 거야? 소름끼쳐···.

미의 기준이라는 것도 비슷할 거야.

제7화

세상이 액정에 보이는 것보다 가까이 있음

아무튼 휴식의 진짜 의미는
아무것도 하지 않고 잡념과 욕심을 비우는 거야.

"엄마도 맨날! 폰으로 웹소설 보면서!"

"그, 그럴 수 있지. 놀고 싶은 욕구는 쉬는 거랑은 별개니까…"

뜨끔

"하지만 그거랑은 다르게! 진이 넌 항상 무의식적으로 핸드폰을 켜서 SNS만 보고 있잖니."

"네가 모르는 사이에 뭐가 올라올까봐 전전긍긍하면서!"

戰戰
두려워 떨 전 두려워 떨 전

兢兢
두려워할 긍 두려워할 긍

"아, 이거 수업에서 배웠어요. 몸을 움츠리고 떠는 모양을 의미하는 거 맞죠?"

"맞아!"

"위기를 맞아 절박해진 심정을 비유하는 말이야."

맨손으로 호랑이를 잡는다든가 걸어서 황하를 건너기가 어렵다는 건 누구나 알지만,

그 밖에 주의해야 하는 다른 것들을 알지 못한다는 거야.

평상시에 아무렇지도 않게 하는 행동이 예상치 못한 화를 불러오기도 하잖아.

그래서 무슨 일을 시작할 때, 깊은 연못에 가까이 가는 것처럼 또 살얼음 밟고 가는 것처럼, 두려움을 가지고 조심조심 신중히 해야 해.

"그럼 인생을 긴장하고 살라는 건가요?"

"그렇지. 그런데 신중한 것도 좋지만 평생 그렇게 살면 너무 피곤하지 않겠어?"

"근데 진이 네가!"

"아무리 봐도 전전긍긍하면서 핸드폰을 보는 것 같아서 말이지!"

"그치만… 내가 모르는 사이에 재밌는 얘기 하고 있을까봐 신경쓰인단 말이야. 나만 빼고…."

自尊
스스로 자 　　　존중할 존

自大
스스로 자 　　　클 대

스스로를 존중하고 크게 여긴다.

자기 자신을 과대평가한다는 의미도 있지만,

엄마는 이 세상에서 가장 소중한 것은 자기 자신이라고 생각해.

자기를 존중하고 자신의 가치를 높게 평가하는 것은 당연한 거지.

| 사랑 애 | 몸 기 | 사랑 애 | 다를 타 |

엄마가 존경하는 도산 안창호 선생님도 애기애타를 말씀하셨어.
자기를 사랑하는 사람이 남도 사랑할 줄 안다고.

샤랄라~
그러니 큰딸~
이제 핸드폰 내려놓고 액정 밖의 엄마와 진한 토크를 해볼까?
스스로를 사랑하는 방법에 대해서?
으악!!!
오소소...
싫어어어!!
(닭살)
근데… 아무것도 안 하면 불안하지 않나요?
헉… 헉…
핸드폰은 그만한다고 쳐도,
뭐가 됐든 결과물이 없는 건 상상하기 힘들어요.
아무리 휴식이라고 해도…
음…
끙끙..
너희들 게임기도 한번씩 전원을 꺼줘야 훨씬 잘 돌아가지 않니? 발열도 덜하고.
사람도 똑같아.
슬그머니…

별 쓸모가 없다고 생각한 것이 오히려 쓸모 있다는 말이 있지. 무용지용!

無用
없을 무   쓸 용

之用
어조사 지   쓸 용

아무 쓸모없어 보이는 것이 오히려 쓸모가 있다는 건데,
『장자』에 나온 이야기야.

석이라는 도편수가 제나라를 여행하고 있었어.

도편수요?

아, 이거 알아! 집 지을 때 일을 지휘하는 우두머리 목수!

어?

맞아. 어떻게 알았어?

에헤헤… 만화에서 봤지.

어느 날, 석이 곡원 지방에 도착했는데, 그곳에서는 거대한 상수리나무를 신성한 나무로 받들고 있었어.

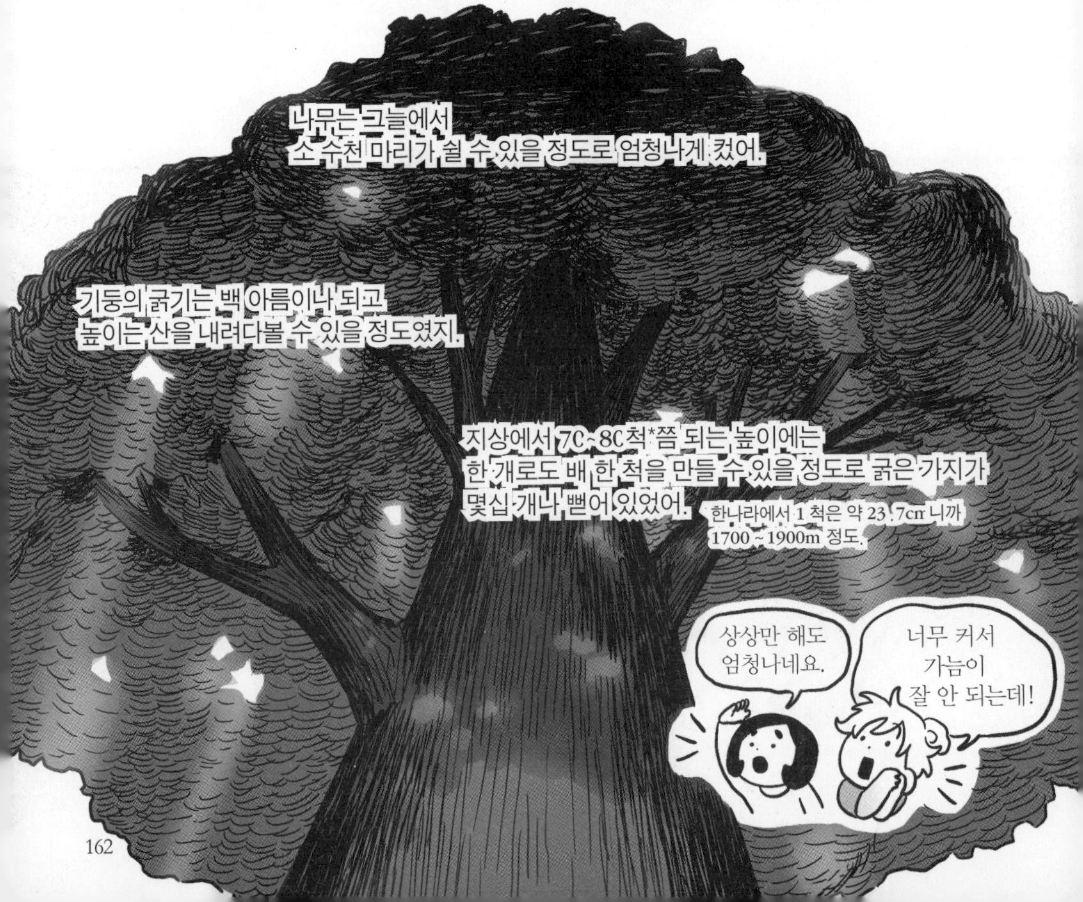

나무는 그늘에서 소 수천 마리가 쉴 수 있을 정도로 엄청나게 컸어.

기둥의 굵기는 백 아름이나 되고 높이는 산을 내려다볼 수 있을 정도였지.

지상에서 70~80척*쯤 되는 높이에는 한 개로도 배 한 척을 만들 수 있을 정도로 굵은 가지가 몇십 개나 뻗어 있었어.

한나라에서 1척은 약 23.7cm니까 1700~1900m 정도.

상상만 해도 엄청나네요.

너무 커서 가늠이 잘 안 되는데!

지금까지 오로지 무용해지려고 노력해왔네.

천수를 다한 지금에서야 겨우 무용한 나무가 되었지.

만일 내가 유용했다면 오래전에 잘렸을 걸세.

우와~

오… 왠지 멋있어요.

근데 자기 앞에서 무용지물 소리 했다고 꿈까지 찾아간 거야?

흐~~음

은근히 쪼잔한 면이 있네.

그치~

아니, 그게 중요한 게 아니고!

애써 유용해지려 하지 않고
오히려 철저하게 무용해진 덕에
그 나무는 천수를 누렸지?

장자가 말하고자 한 게 이거야.

이런 생각으로 주위를 돌아보면
쓸모없는 것이 오히려 도움이 되는 경우가 많잖아.

채우기만 하면 넘쳐서 오히려 잃기 때문에,
때로는 완전히 비워야 해.

그래야 새로운 걸
받아들일 공간이 생기지.

그래서 엄마가
핸드폰 내려놓고
쉬라고 한 거야!

그냥 핸드폰 하는 모습이
싫으신 건 아니구요…?

그것도 없다고는 못하겠다.

너희가 어릴 때는 건강과
시간을 지키는 생활 리듬이 있어서 전자기기는
정해진 시간 동안만 하고는 했는데

그 모든 걸
핸드폰이 무너뜨렸잖니!

우다다다

잔소리~

잔소리~

제8화

절대적 공정이 존재하나요

제목: 농어촌 전형이 필요하냐

농어촌으로 더 높은 대학 붙은 애들 말인데
걔네 볼 때마다 솔직히 억울하더라.

성적은 내가 더 좋았거든?
아니 솔직히 성적만 봤으면 그만한 대학 못 갔다고.
어이없어.
완전 불공평하잖아.

공부도 덜한 사람이
더 열심히 공부한 사람보다
높은 데 가는 게 맞나?

"만약 담장을 없애버린다면?"

"발판이 없어도 누구나 풍경을 볼 수 있지!"

"애초에 차이가 차별이 되게 하는 담장 자체가 문제야."

하지만 실제 사회문제들은 담장을 없애듯 한번에 해결할 수 없어.

입시 문제도 그렇잖아?

그래서 차선책으로 '발판'을 쓰는 거지.

그게 바로 농어촌 전형 같은 다양한 전형이고!

"어… 아직 이해가 잘 안 돼."

우리는 흔히 공부는 노력하면 된다고 말하곤 해.

하지만 사실 공부도 미술이나 체육처럼
타고난 재능이 필요한 영역이기도 하지.

뭐야, 결국 재능이 없으면 죽어라 노력하라는 거야?

그건 아니고~

물론 재능이 많으면 노력을 덜해도 되고, 재능이 적으면 노력을 더 많이 해야겠지.

하지만 진아, 공부를 포함한 모든 것에 있어서

꼬 옥...

노력과 재능만 있으면 된다고 믿는 것은 정말 큰 착각이야.

왜 그렇게까지 정색하고 얘기해?

섭섭!

사람은 성장하면서 너무나 많은 것들로부터 영향을 받잖아.

우리는 개인의 노력과 재능만으로 완성되지 않아.

가장 중요한 점은, 노력해서 얻은 능력이라고 믿는 것도 사실은 그렇지 않다는 거지.

아무리 공부에 재능 있는 아이라 해도
가정환경이 뒷받침해주지 못하면 어떨까?

공부할 수 있는 환경이 조성되지 않는 건 물론이고,
그 때문에 노력을 할 여유도 없어
재능을 펼치기 어렵지 않을까?

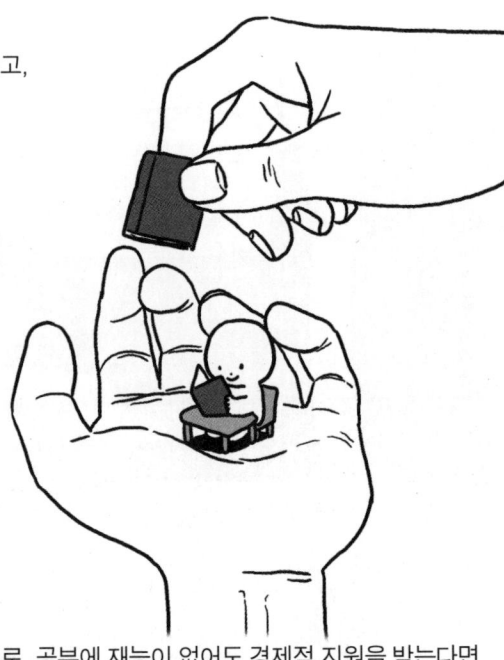

또 반대로, 공부에 재능이 없어도 경제적 지원을 받는다면,
얼마든지 학습의 요령을 배워 성적을 올릴 수 있지.

노력 이전에 재능이 있다고 하지만,
그 모든 것 이전에는 우리가 스스로 선택하지 못하는 것들이 있어.

국적이나 가정환경, 장애 등의 조건은
스스로 선택할 수 있는 게 아니잖아?

신분 계급 제도가 없어졌다고는 해도,
사실 우리가 타고나는 조건들에는
좋은 것과 나쁜 것이 분명히 정해져 있지.

그런데도 사람들을 성적이라는 똑같은 기준으로 평가하는 게

정말 공정한 걸까?

절대적인 공정은 없어.

知 常 容
알 지 　　　　 항상 상 　　　　 포용할 용

容 乃 公
포용할 용 　　　 이에 내 　　　　 공평할 공

아까 말했던 가정환경이라든지 타고난 환경은
고정되고 잘 바뀌지 않는 것들이잖아.

사계절의 순환이나
생로병사처럼,
세상의 이치는
전부 그런 식이야.

이런 걸 알고 이해하면 세상을 조금 더 너그럽게 바라볼 수 있지.

그러니까…
서로의 상황이
다를 수밖에 없음을 항상 생각해야
한다는 거네?

그렇지.
내게는 자연스러운 것들이
어쩌면 내가 타고난 특권일지도 몰라.

모든 사람이 나와 같은 환경에
처해 있지 않다는 걸 생각해보면서,

자기 상황을 객관적으로
볼 필요도 있어.

이렇게
세상의 이치를
하나 더 알아가네요.

심오.

내가
진짜 잘못
생각했어!

각자의
환경이 다르니
출발선을 다르게
잡는 건 당연하다!

그걸 가지고
역차별이니, 내가 피해
봤다느니 말하는 건
잘못됐다!

흐뭇~

달이 차면 기울어진다.
꽃이 활짝 피면 지게 된다.
흐린 물은 흘러가며 맑아진다.

한여름이 지나면 서늘한 바람이 불어오고,
한겨울이 지나 다시 따스한 바람이 불어오기 시작한다.

이게 삼라만상의 이치(道)다.

森羅萬象

<small>수풀 삼　　　벌일 라　　　일만 만　　　코끼리 상</small>

인간 세상도 마찬가지다.

높이 올라가면 떨어진다.
바닥에 떨어지면 올라간다.

따라서 우리는 그들을 다그치지 말아야 한다.
꽃이 빨리 피라고, 흐린 물이 빨리 맑아지라고,
바람이 불라고 재촉하지 말아야 한다.

끈기 있게 기다려야 한다.
묵묵히 그들을 바라보는 산처럼, 태양처럼….

삼라만상의 이치처럼,
사람이 어디서, 무엇을 얼마나 갖고 태어나는지는
정해져 있어.

하지만 그와 마찬가지로
사람은 누구나 귀한 존재라는 것도 변하지 않는 진리야.

각자의 환경과 배경, 특성을 따지기 전에
모든 사람은 그 자체만으로도 소중해.

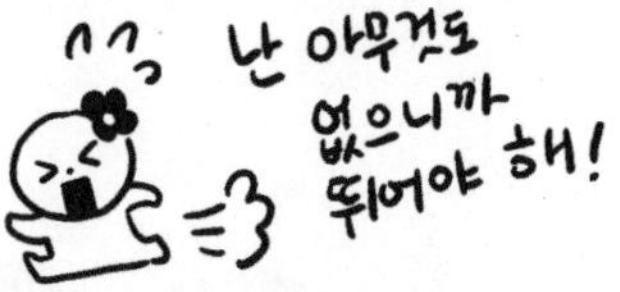

不 患 貧
아닐 불   근심 환   가난할 빈

患 不 均
근심 환   아닐 불   고를 균

백성들은 가난보다 공정하지 못한 것을 걱정하고 분노한다는 뜻이야.

가난은 어떻게든 스스로 해결해보려 할 수 있지만 '불균', 즉 공정하지 않으면
노력을 해도 그 노력의 대가를 얻을 수 없잖아.

"아. 뭔지 알겠어요. 수학여행 때 다들 열심히 활동했거든요?"

"근데 항상 1반 먼저 쉬고 1반 먼저 밥 먹었어요!"

또 이 이야기...

왜냐하면!!

1반 담임선생님이 학년부장 쌤이니까!!!

저희는 늦게 밥 먹으니까 반찬도 모자랐고!

숙소도 늦게 들어가니까 너무너무 피곤했다구요!

이건 진짜 불공평해~

그, 그랬구나.

맞아. 윤이가 겪은 것처럼,
공정하지 않은 사회는 갈등이 심하고 분열이 일어날 수밖에 없어.

그래서 사회 지도층은 특히 더 아심여칭, 대공무사의 마음으로
모든 경쟁의 절차를 공정하게 이끌어가야 해.

我 나 아   心 마음 심
如 같을 여   秤 저울 칭

大 클 대
公 공평할 공
無 없을 무
私 사사로울 사

대공무사는 사사로움 없이 매우 공정하게 처신함을 말해.

아까 말한 공평무사의 '무사'가 이 '무사'인데, 사사로움이 없다는 뜻이지.

아심여칭은 제갈량이 지은
『잡언雜言』에 실린 말이야.

내 마음은 저울과 같아서
사람을 대함에 있어 가볍지도
무겁지도 않도록 공정하게 처리한다.

둘 다 제갈량은 알지?

오, 제갈량!

유비의 책사!

삼국지의
위, 촉, 오 중에
촉나라의 뛰어난
지략가잖아요.

이때가 촉나라의 유비가 죽고
아들 유선이 그 뒤를 이었을 때거든.

하지만 승상인 제갈량이 군권을 대신하는
비정상적인 상황이었어.

게다가 큰 파벌들의 대립으로
정세도 좋지 않았지.

보통 멸망하기
직전의 나라가
그렇지 않나요?

보통은
그렇지!

그런데
이런 약점이 있었는데도
촉나라는 꽤 오래 유지됐어.

왜냐하면, 제갈량이 전국시대 진나라의 상앙이 했던 것처럼
강력한 법치를 펴서, 공평무사하고 엄정하게
법을 시행했거든.

덕분에 삼국 중에 촉나라가
가장 잘 다스려지고 치안이 좋았대.

틈새 상식

상앙(기원전 390?~기원전 338) 
법가 사상가이자
진나라의 재상.
강력한 변법을
시행하여
진나라가 중국을
통일할 수 있는
바탕을 마련하였다.

제갈량이 저울처럼
상벌을 공정하게 처리한 이야기에는
마속을 벤 일과 이엄을 징벌한 일이 있어.

제1차 북벌에서,
마속은 작전에 실패해
촉나라에 치명적인 패배를 안겼어.

제갈량이 너무나 아끼던 마속을
눈물 흘리며
참형에 처한 건 유명한 일화지.

패배… 했다고
처형한 거예요?

옛날에는
그게
당연했거든.

유비가 죽기 직전에
신하들에게 아들 유선을
잘 보좌해달라고 당부했는데,
그중 하나가 제갈량이고
다른 이가 이엄이었어.

제4차 북벌에 나서면서,
제갈량은 이엄에게 후방에서 군량을 보급하는 중책을 맡겼어.
하지만 이엄이 이를 소홀히 하면서 군량이 부족해져서 철군하고 말았지.
제갈량은 그 죄를 물어 이엄의 관직을 박탈하고 평민으로 강등시켰어.

그렇지만 이엄의 아들 이풍은 계속 관리로 임용하면서
아버지의 죄를 연루시키지 않았고

편지를 보내 위로하면서
아버지의 잘못을 거울삼으라고 격려도 했지.

이처럼 사회 지도층은
공정한 상벌 시행을 위해 꾸준히 노력해야 해.

평공은 감탄해 마지않으며
기황양의 천거대로 해호를 남양현으로 보냈고,

해호는 어진 정치로 백성들을 편안하게
하여 두 사람의 기대에 부응했지.

얼마 후 평공이 다시 기황양에게 물었어.

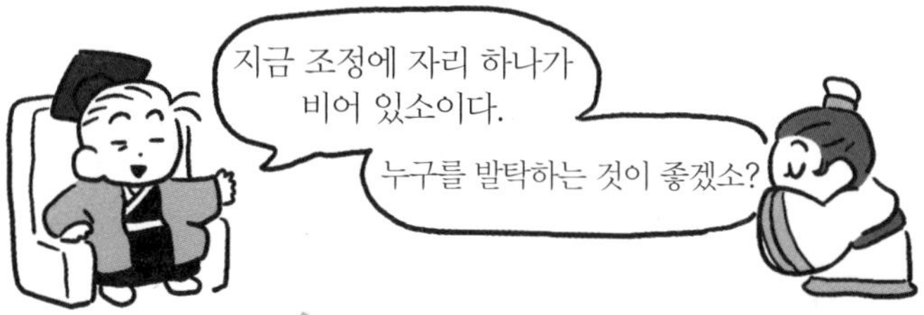

지금 조정에 자리 하나가
비어 있소이다.

누구를 발탁하는 것이 좋겠소?

기오(祁午)가 전하의 뜻에
맞을 재목인 듯싶습니다.

황당~

아니,
기오는 경의
아들이잖소.
막중한 자리에
자기 아들을
앉히겠다는 거요?

하여튼 엄마가 하고 싶었던 말은…

자식을 추천하다니~

에휴

우우~

살아가면서 모든 게 자로 잰 듯이 공정할 수는 없어.

각자 처한 환경이 다르고 살아온 경험이 다르니까,

100%의 공정은 사실상 이뤄지기 힘들다고 봐야지.

안 보여~

공사 완료

하지만 절차적 공정은 우리의 노력으로 가능하잖아.

그 사실을 명심하면서 살자!

꼬옥~!

그날 밤

네모대학교 익명게시판

[HOT]
농어촌 전형이 필요하냐

제9화

결혼은 선택…, 연애는 필수?

사랑 애는 '조, 멱, 심, 쇠'라는 한자로 이루어져 있어.

손톱 조   덮을 멱   마음 심   천천히 걸을 쇠

누군가를 사랑하면 마음속 가득
그 감정이 넘치게 되는데,
두근거리는 가슴을 손으로 덮어
다독이는 거야.

그렇게 천천히 사랑하는 사람에게
다가가는 걸 표현한 거지.

우와…
멋지다.

완전
로맨틱하네요.

한국어에서 삶과 사람,
사랑이라는 말의 어원이 같다는 말이 있어.

사람은 사랑하며 살아야 하고,
삶이란 사람이 사랑을 이루며
살아가는 거라고 할 수 있으니까.

근데
궁금한 게,
거기서 말하는 사랑이
어디서부터 어디까지야?

불쑥

屋烏之愛

집 옥 　 까마귀 오 　 어조사 지 　 사랑 애

너 없인 못 살아~ 죽어도 못 보내~ 하며 결혼한 부부도 해로동혈하지 않는 경우가 많거든.

해로동혈?

偕 老
함께 해 　　　　　늙을 로

同 穴
같을 동 　　　　　구멍 혈

평생을 함께 지내며 같이 늙고, 죽어서는 같이 무덤에 묻힌다.

생사를 같이하는 부부의 사랑의 맹세를 비유하는 말이야.

죽거나 살거나 만나거나 헤어지거나
그대와 함께하기로 약속했네.
(死生契闊, 與子成說.)

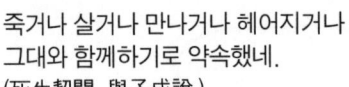

그대의 손 잡고서
그대와 함께 늙어가리.
(執子之手, 與子偕老.)

-『시경·패풍(邶風)·북을 울리며(격고擊鼓)』

어느 군인이 전쟁터에 나가
고향에 언제 돌아갈지 기약도 없는 채
말을 찾아 헤매면서,

함께 늙어가자고 약속했던 고향의 연인을
그리워하며 부른 노래야.

해로동혈 중 '해로'가 여기서 나왔지.

슬프다…. 죽음을 앞두고 사랑하는 사람을 떠올리는 연출은 언제 봐도 마음이 뭉클해져.

웬 연출?

언니는 저 짧은 걸 듣고 대체 어디까지 상상한 거야?

그리고 해로동혈에서 동혈은 여기서 나왔어.

> 살아서는 한 집에 못 살아도
> 죽어서는 같은 구덩이에 묻히리라.
> (穀則異室, 死則同穴.)
>
> 내 말이 미덥지 않다고 한다면
> 밝은 해를 두고 맹세하리라.
> (謂予不信, 有如皦日.)
>
> -『시경·왕풍(王風)·큰 수레(대거大車)』

이건 아주 비장하네요.

그러게. 엄청난 거사를 앞에 두고 남긴 말 같아.

비슷해.

이 시에는 슬픈 전설이 있어…

『열녀전』 안의 「정순전」에는 식군부인 이야기가 실려 있는데, 거기에 이 시가 인용되어 있어.

*「정순전貞順傳」: 정절과 신의를 지켰다는 여성들의 이야기 모음.

기원전 6세기의 일이라고 해.
참고로 이건 정사는 아니야.

초나라 왕이
식나라를 점령한 후에,
식나라 왕의 부인을
빼앗아갔어.

그렇게 강제로
남편과 생이별한 부인은
초나라 왕이 외출한 틈을 타
감옥에 있는 남편을 찾아갔지.

부인이 남편에게 말하길,
자신은 결코 절개를 꺾을 수 없다면서
자살해버렸어.

부인의 결심을 말리던 남편도
곧 아내의 뒤를 따라 자결했지.
이 전설을 노래한 게 아까 그 시야.

연애, 결혼이라고 해서 특별하다기보다는,

모든 인간관계가 그렇듯

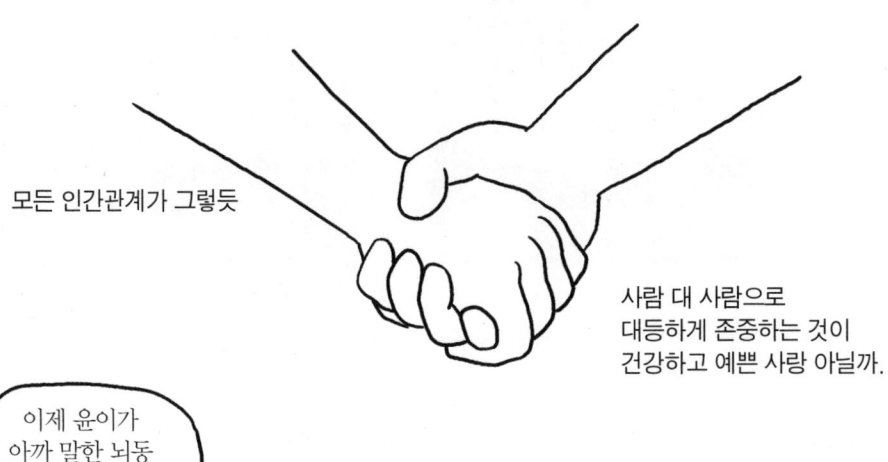

『예기』라는 책에 실린 내용이야.

너의 용모를 바르게 하고
말씀을 들을 때는 반드시 공손히 하라.

다른 사람의 주장을 취하여
자기 주장인 것처럼 말하지 말고,

다른 사람의 말을 듣고
생각 없이 무조건 따라하지 말라.

반드시 옛것을 본받고 선왕의 일을 본받아라.

여기에 대해 '정현'이라는 사람이 주석을 달았어.

우레가 울리면 만물이 동시에 응하지 않는 것이 없다.

사람의 말은 마땅히 자기에게서 나와야지 그렇게 우레에 응하듯이 해서는 안 된다.

그러니 결혼이나 연애처럼
우리 인생에서 중요한 일들은,

자신의 마음을
천천히 파악하고
실천하는 게 좋아.

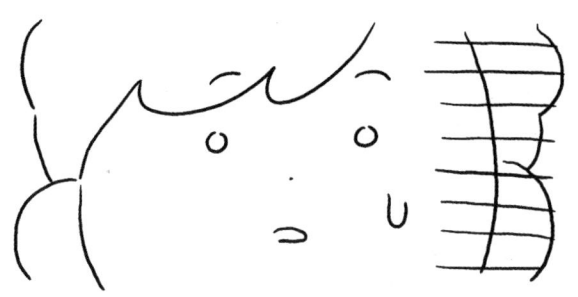

어어… 음…

나도 가서 짝을 찾아야 하나?

하지만…

나는 그냥…

제10화

조물주 위에 건물주라는데요?

錢可
通神

돈 전 / 가할 가 / 통할 통 / 귀신 신

당나라 대종 때, 재상 장연상은 조세를 관장하는 탁지사도 겸하고 있었어.

잠깐 상식!
탁지사란?
전국의 재정을 관장하는 관직으로, 당나라 중기에는 재상이 겸임하였다.

어느 날, 조세 업무를 처리하다가 억울하게 감옥에 갇힌 사람이 있다는 것을 알게 되었지.

그래서 옥리들을 불러다가 엄하게 훈계하면서, 이 사안을 열흘 안에 처리하라고 명령했어.

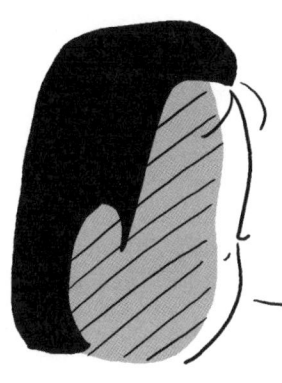

그러자 다음 날 아침, 장연상의 책상 위에 작은 쪽지가 놓여 있었는데,

돈 3만 관입니다. 이 안건을 더이상 따지지 마십시오.

다음 날 또 놓인 쪽지에는 '5만 관'이라고 쓰여 있었지.

장연상은 더욱 화를 내며 이틀 안에 반드시 조사를 마치라고 명했어.

그는 크게 화를 내며 그 안건을 빨리 처리하라고 했어.

그러고 다음 날,
또다시 쪽지가 도착했는데,
거기에는 10만 관이라고 쓰여 있었어.

장연상이 말했지.

10만 관이라는 돈은 귀신과도 통할 수 있는 액수다.

10만 관으로 되돌리지 못할 일은 없는 것이다.

내게 화가 미칠까 두려우니 그만두지 않을 수 없다.

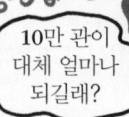
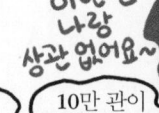

그래서… 진짜로 조사를 그만뒀나요?

그것까지는 쓰여 있지 않지만…

정황상 그런 것 같아 보이지~.

돈에 굴복한 거야?

10만 관이 대체 얼마나 되길래?

이번엔 나랑 상관없어요~

관(貫)은 중국 고유의
척관법에 따른 무게의 단위야.

당시 쓰이던 화폐가
개원통보인데,

이 개원통보 1000개의 무게가
1관이었어.

10만 관이면 개원통보가
1억 개라는 말이지.

상상이 가니?
그만한 돈을 들고 와서
이 일을 덮으라고 한 거야.

그 정도로 어마어마한 돈을 내서
덮으려 하는 사건이라면,
함부로 건드렸을 때
자신이 어떤 짓을 당할지 모른다고
장연상은 생각한 거지.

돈으로
뭐든 할 수
있다는 게 맞네!

일단 돈이 많으니까
장연상을 겁먹게 해서
사건 조사를
막을 수 있었지?

헷갈려~

왜 돈이 많은 게
무서우냐면,
돈만 있으면
뭐든 할 수 있으니까!

왜 뭐든 할 수 있냐면,
돈만 주면 사람들은
뭐든지 다 해주니까!

근데,
돈이 대체 뭐라고
다 해주는 거지?

돈이 많은 것
자체가 권력
아니야?

현대 사회에서
돈은 물질 이상의 가치를 가지잖아.

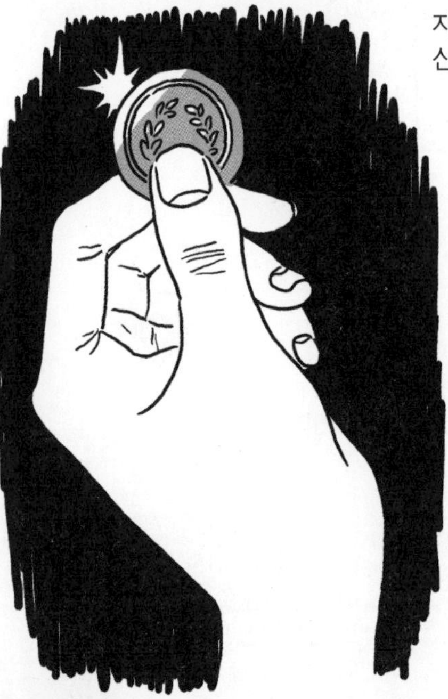

자본주의가 도입되면서
신분제는 사라졌지만,

부의 크기가 새로운 신분이 되고
계급이 된 거지.

윤이 말대로 돈은 곧 권력이니까,
돈을 위해, 즉 권력과 지위를 위해,

물불 가리지 않게 되는 것 아닐까?

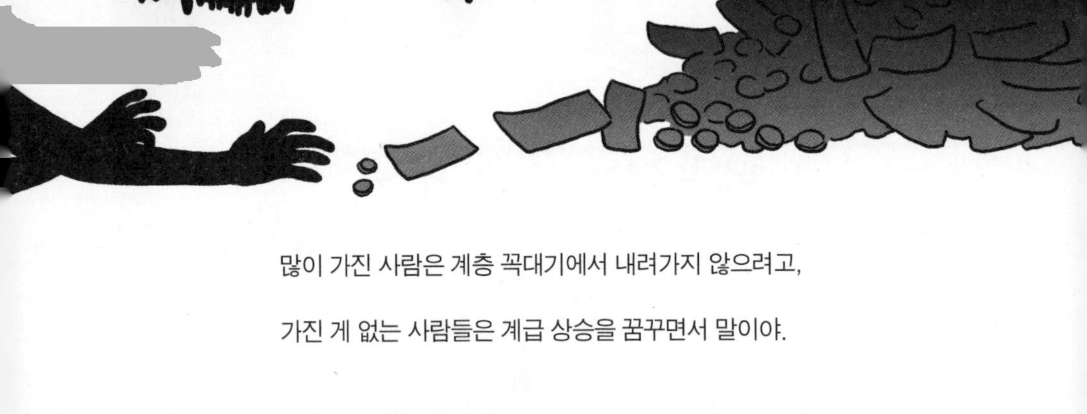

많이 가진 사람은 계층 꼭대기에서 내려가지 않으려고,

가진 게 없는 사람들은 계급 상승을 꿈꾸면서 말이야.

돈을 주고
범죄를 저지르는 부자들
이야기는 지금도
넘쳐나지?

지난번에
뉴스를 보니까,

아마존에서 활동하는
환경보호 운동가들이
대기업의 청부살인으로 살해
당하는 경우가 많다더라.

아...
이래서!

더더욱
돈이 필요하다고
느껴.

물론 행복에 돈이 필요 없는 건 아니야, 오히려 필요하지.

맛있는 음식, 갑자기 아플 때 치료받을 수 있는 여윳돈, 튼튼하고 안락한 주거지….

돈이 있으면 덜 고생하고, 덜 걱정할 수 있지.

근데 돈은 행복의 필요조건이지 필요충분조건은 아니거든.

돈이 있다고 반드시 행복한 것도 아니니까.

세상 모든 일이 돈으로 해결되는 건 아니야.

사람의 마음을 돈으로 사로잡는다 해도
그건 돈이 떨어지면 끝날 관계고,
다른 사람이 더 많은 돈을 준다 하면 옮겨갈 관계잖아.

千	金	之	子
일천 천	쇠 금	갈 지	아들 자
不	死	於	市
아니 불	죽을 사	어조사 어	시장 시

천금지자불사어시.
천금을 가진 집안, 즉 부잣집 자식은
저잣거리에서 죽지 않는다.

돈만 있으면 어떤 형벌도
피할 수 있다는 말이지.

지금부터 해줄 이야기는 『사기』에 나오는 건데,

춘추시대
도주공이라는 이름의
대부호 이야기야.

도주공의 막내아들이
장성해서 장년의 나이가 되었을 때,
둘째 아들이 살인을 저질러
초나라의 감옥에 갇혔어.

아까 말한 천금지자불어시는
그 당시 사회에 만연하던 관념이었거든.

"사람을 죽였으니
사형이 마땅하지만
부자의 자식은 저잣거리에서
죽지 않는다고 하지 않던가."

도주공은 황금 1000일(鎰)을
소가 끄는 수레에 실은 다음,
막내아들을 보내려 했어.

영차~

황금 1000일?

아~ 일은
무게 단위야.
1일이 24냥(兩),
그러니 1000일은
2만 4000냥
이겠지?

와다다다

1000일이 약 20만 돈,
요즘 금 1돈이 28만 원,
그러니까 1000일이면
약 560억 원이지.

오, 오백
육십억??

그만큼 엄청난
대부호였으니까!

근데 이 일을 막내아들에게 맡기려고 하니, 첫째 아들이 자신에게 맡겨주지 않으면 죽어버리겠다고 우겼어.

막내아들은 귀하게만 자라서
돈 아까운 줄 몰랐거든.

하지만 첫째 아들은 아버지를 도와 일하면서,
돈 버는 게 얼마나 힘든지 잘 알았어.

그래서 어딘가에서 돈을 아끼려다
일을 그르칠 거라 생각했던 거지.

결국 도주공은 하는 수 없이 첫째를 보내며 당부했어.

초나라에 가서 장생을 만나, 자신이 써준 편지와 돈을 전하고 반드시 그의 지시를 따르라고 말이야.

초나라에 도착해 장생을 만난 첫째는 편지와 돈을 전했지.

사실 장생은 이렇게 뒷돈을 받고 싶지 않았어.

하지만 그 상황에서 거절하면, 첫째는 둘째를 살리기 위해 다른 사람을 찾을 것이고, 그러면 일이 복잡해지리라 생각했지.

그래서 부탁을 들어주되 돈은 돌려주려 생각하고 있었어.

그럼 돈은 왜 받은 거야?

돈도 안 받고 일을 하겠다고 하면 제대로 할지 의심할 테니까.

확신을 주기 위해 받아만 둔 거지.

장생은 첫째에게 고향으로 돌아가 기다리라고 일렀어.

하지만 첫째는 돌아가지 않고, 초나라 권력자를 상대로 따로 물밑 작업을 했지.

한편, 장생은 왕을 만나서 사면령을 내리도록 손을 썼어.

그러나 첫째는
사면령이 내려졌다는 소문을 듣고,
장생이 애쓴 결과인 줄 모르고
헛돈을 썼다며 아까워했지.

그러고는 한달음에 장생을 찾아갔어.

아직 떠나지 않았느냐?

장생이 깜짝 놀라 묻자,

사면령이 내려진다는 소식을 들었습니다.

하직 인사나 여쭙고 떠나려구요.

이 녀석이...

장생은 첫째의 의중을 간파했어.

장생은 돈은 그대로 있으니 가져가라 했어.

하지만 자신의 신뢰를 배신한 첫째가 괘씸해서,
초나라 왕에게 찾아가 고했지.

도주공의 아들이 사람을 죽이고 옥에 갇혀 있는데,

왕의 측근이 도주공의 뇌물을 받았기 때문에

왕께서 그를 살리려 사면령을 내리신다는 소문이 파다합니다.

뭐?

크게 노한 왕은
도주공의 둘째 아들을
먼저 사형시킨 후,
사면령을 내렸어.

"어라, 근데 말한 거랑 반대가 됐네?"

"부잣집 아들은 처형 안 당한다더니."

"결과적으로는 첫째 아들이 무례하게 굴었으니까 그렇게 된 거지만…."

도주공은 첫째를 보낼 때부터
둘째 아들이 시신으로
돌아올 줄 알고 있었다고 해.

"첫째는 어려서부터 나와 고생을 하며
자랐기에 돈 쓰는 데 신중하고,

막내는 내가 도 땅에서 기반을 잡고
이미 부자일 때 태어났으니,
돈을 쓸 줄만 알지 어떻게 생겨나는지는 모른다.

그렇기에 돈을 버릴 줄 아는 막내를
보내고자 했던 것이다"라고 말해.

사실 도주공은 산전수전을 겪으며
세상 이치에 통달한 사람이었거든.

돈으로 죄를 덮을 수 없다는 걸
내심 알고 있었던 것 아닐까?

알아도 어쩔 수 없는 일이 있잖아.

물론 죄를 짓고도 벌을 피하려 했으니
도주공이 잘했다는 건 아니고.

장생은 돈을 도로 가져가려 한 것보다
자신을 믿지 않았음에 분노했잖아.

돈보다 신뢰를 중시했던 거지.

돈으로 모든 게 해결되는 것도 아니고,
결국은 사람의 마음이 가장 중요하다는 얘기야.

사마천의 『사기』에 재산과 마음 씀씀이에 대한 말이 있어.

"예의는 재산이 있으면 생기고 없으면 사라지는 것이다.

연못이 깊어야 물고기가 살고, 산이 깊어야 짐승이 노닐 듯이,

사람이 부유해야만 비로소 인의를 행하는 것이다.

사람은 부유할수록 덕망도 높아지지만 부를 잃게 되면 찾아오는 사람도 없고 실의에 빠질 수밖에 없다.

'천금을 가진 집안의 자식은 거리에서 처형되지 않는다' 라고 했는데, 이는 빈말이 아니다.

세상 사람들은 이익이 보일 때는 모두 웃으며 모이지만 이익이 사라지면 제각기 흩어져버린다."

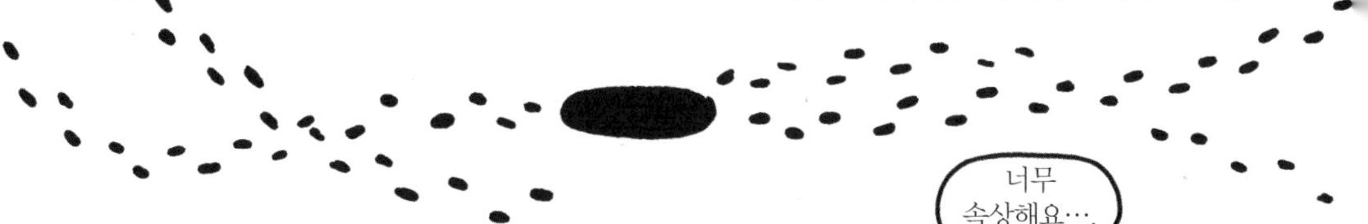

"사람들은 다른 사람이 자기보다 열 배 부자이면 그를 헐뜯고, 백 배가 되면 그를 두려워하며, 천 배가 되면 그의 일을 해주고, 만 배가 되면 그의 하인이 되니,

이것은 사물의 이치이다."

너무 속상해요….

나를 함부로 대하는 사람들을 피하려면 남들보다 백 배는 부자여야 하는 거예요?

모두가 이익에 따라 움직인다고 하니까,

돈이 없는 사람은 행복해질 수도 없고, 가치도 없다는 것 같잖아요.

나중에 돈 벌 수 있는 직업이 뭔지만 얘기해주는 선생님들이 가끔 너무 답답했거든요?

세상이 말하는 건 돈을 버는 '행위'에 치중되어 있을 뿐이지,

그걸 벌어다 '무얼 할지'에 대한 얘기는 없잖아요.

저는 말이죠.
그렇게 큰 걸 바라지 않아요.

친구에게
맛있는 한 끼를 사줄 수 있고

내가 아끼는 사람들에게
작은 선물을 하고

그리고 내가 몇 달 전부터 갖고 싶었던 것,
예를 들면 예쁜 그릇 세트나
좋은 키보드 같은 거 있잖아요.
그런 것들을 사고 싶어요.

여기에 많은 돈이 필요하진 않거든요.
몇십억씩 들 일이 아니란 말이에요.

지금까지는
엄마 아빠의 지원을
받으니까,

큰 어려움
없이
지냈죠.

하지만 엄마 아빠가
은퇴하신 후에는?

제가
사회에 나가서도
지금처럼 넉넉하게
생활할 수 있을까요?

훌쩍

잘살려면 계속 경쟁하고 이기고 버텨야 한다던데,

제가 그 모든 걸 해낼 수 있을까요?

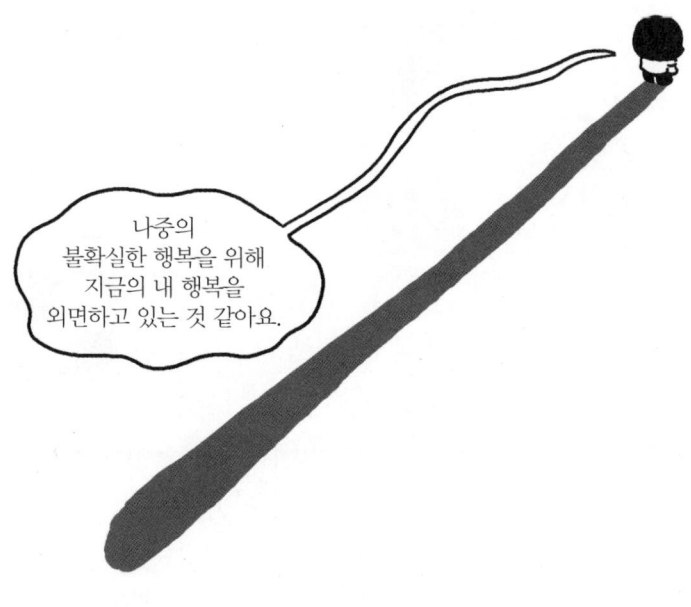

나중의 불확실한 행복을 위해 지금의 내 행복을 외면하고 있는 것 같아요.

윤아.

돈을 벌기가 힘든 건 사실이고,

엄마도 여전히 돈이 무서울 때가 많아.

꼭..

하지만 윤이가, 내 자식들이, 내 다음 세대들이

아직 닥치지 않은 미래를 너무 걱정하진 않았으면 좋겠어.

제11화

행복은 정말로 성적 순인가요

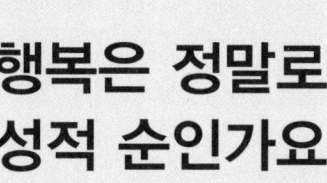

공부를 해둬야
나중에 하고 싶은 일이나
꿈이 생겼을 때
도움이 된다던데,

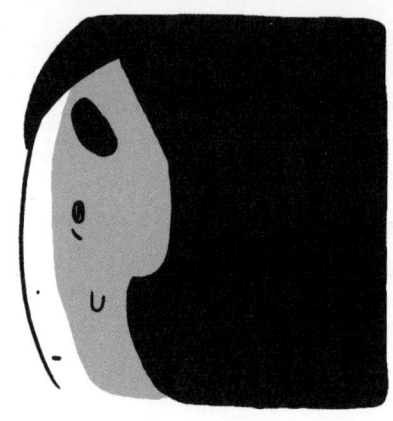

그 꿈이라는 게 전혀 와닿지가 않아.

초등학교도 중학교도 그냥 집 근처 학교로 갔는데,
갑자기 고등학교부터는 스스로 선택하라고 하잖아.

아마 그렇게 되긴 하겠지!
하지만…

정확히 뭘 해야겠다는 생각으로
외고, 과학고 준비하는 애들이나

송이 너처럼 꿈을 갖고 특성화고 준비하는 애들 있잖아?

그럼 난 그것만으로도 초조해지는 거지.

自 知 者 明

스스로 자 　 알 지 　 놈 자 　 밝을 명

왠지 누군가가 이걸 궁금해하는 기분이 들어!

나는 다 알지롱…

『도덕경』 33장에 나오는 말이야.
'지인자지 자지자명(知人者智 自知者明).'
'남을 아는 자가 지혜롭다 할지 모르지만,
자기를 아는 자야말로 밝은 것이다'라는 뜻이야.

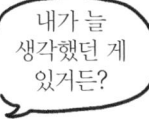

여기서 밝다는 건 전체에 대해
깨달음을 얻었다는 것으로,
지혜의 가장 궁극적인 의미라고 할 수 있지!

내가 늘 생각했던 게 있거든?

우리는 학교에서 수학도 공부하고,
과학도 공부하고, 국어도 공부하지만

정작 자기 자신에 대해서는
알아보려고 하지 않아.

나도 음악이 하고 싶어서 특성화고 진학까지 준비 중이지만, 자주 헷갈려.

이게 정말 내가 하고 싶은 일인가?

난 정확히 뭐가 되고 싶은 걸까?

하지만 그런 생각이 들 때면,
좌절하는 대신
오히려 더 많이 생각해.

난 누군지, 무엇을 얼마나
할 수 있는지를 말이야!

왜,
그런 말도
있잖아.

나 자신을
이기는 게
진짜 강한 거다!

한문 시간에
배웠는데~

자, 자…

왠지 퀴즈 느낌!

정답, 자승자강!

어쩐지 누군가가
이걸 헷갈려 하는
느낌이야~!

自勝者強
스스로 자 이길 승 놈 자 강할 강

'자승자강'과 '자승자박'은 한글로 썼을 때
한 글자만 다르기 때문에, 비슷한 뜻으로
헷갈릴 수 있어.

自繩自縛
스스로 자 밧줄 승 스스로 자 얽을 박

하지만 자승자강의 '승'이 '이길 승' 자인 데 반해, 자승자박의 '승'은 '밧줄 승' 자야.
자신의 생각이나 행동으로 인해 스스로 궁지에 몰리게 됨을 뜻하지.

猫 고양이 묘

項 항목 항

懸 매달 현

鈴 방울 령

'고양이 목에 방울 달기'라는 속담을 한자어로 번역한 것으로, 실행할 수 없는 공론을 이르는 말이다.

오, 묘항현령! 이거였어!

쥐들이 모여 고양이를 어떻게 막을까 논의했다. 고양이가 오는 것을 방울 소리로 알아챌 수 있도록,

고양이 목에 방울을 달자는 의견이 나왔다.

어! 조선시대 책에도 이 이야기가 있대.

어디?

그러나 누가 그 일을 맡을지 묻자,

홍만종(1643~1725)

아무도 나서지 않아 없던 일이 되었다.

이 이야기는 『순오지』라는 책에 '묘항현령'이라는 제목으로 실려 있다.

조선 후기의 문신이자 학자였던 홍만종이 쓴 책이다.

홍만종은 병석에서 누워 지내다가,

예전에 들은 여러 가지 이야기와 민가에 떠도는 속담 등을 기록했다.

순(旬)은 열흘을 뜻하고, 오(五)는 다섯을 말한다.

15일 만에 책을 완성해서 『순오지』라 이름 붙인 것이다.

"고양이 목에 방울 달기라는 좋은 의견이 나왔으나,

아무도 행할 엄두를 내지 못했고 결국 아무것도 바뀌지 않았다."

이 이야기를 통해,
홍만종은 아무리 좋은 내용이라도
실행할 수 없으면 헛된 공론에 불과함을 말하고 있다.

"지금의 입시 제도도 비슷한 것 같아."

문제가 있다는 걸 모두가 알면서도,
바꿀 엄두를 못 내고 있잖아?

물론, 입시 제도가 갑자기 바뀌면
그동안 준비해온 게 있으니 당황스럽긴 하겠지만…

"에잇! 아까 한 얘기지만,
성실하게 일하기만 하면
충분히 먹고살 수 있어야
하는 거 아냐?"

학벌 같은 거
상관 없이!

…

"앗, 내가 너무 혼자 떠들었나?"

미안해!

"그건 아닌데…
들으면 들을수록
희망이 안 보여서
좀 암울해졌어."

사실
나도~~!!

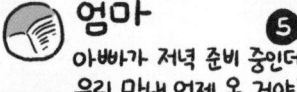

엄마…

성적이 행복을 결정하지는 않죠?

윤아, 너 울어??

공부 진짜 잘하는 애들을 보면요,

밥 먹고 자는 시간 외에는 공부만 하더라고요.

전 애초에 그 친구들만큼 공부를 잘하지도, 재능이 있지도 않아요.

하지만 남는 시간에 책도 읽고 영화도 보는 게 좋은데….

모두들 경쟁사회라고 말하잖아요.

그럼 우리는 죽을 때까지 경쟁하면서 살아야 해요?

어떤 일에 뚜렷한 이유가 없는 경우도 많고,
오히려 그 일을 해서 얻는 일이 없는 경우가 많지.

燭 照
촛불 촉   비출 조

數 計
셀 수   꾀 계

촉조수계는 등불로 밝게 비추고
주판으로 셈을 한다는 뜻이야.

명확해서 그른 것이 없다는 비유지.
그런데, 정말로 세상이
그렇게 정확하게 돌아가지는 않거든.

엄마가 해주고 싶은 말은,
앞으로 다가올 미래에 대한 선택은 천천히 해도 된다는 거야.

사회가 그렇게 흘러간다고 해서
너도 따라갈 필요는 없어.

우리 윤이는 윤이의 속도대로 하면 돼.

길가에 핀 꽃도
구경하고,

저쪽에서 달려가는
사람들도 구경하면서,

어디로 가고 싶은지
생각해보는 거야.

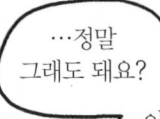

지피지기(知彼知己) 백전불태(百戰不殆)

흔히들 '지피지기면 백전백승', '지피지기면 백전불패'로 알고 있지만, 정확한 표현은 '지피지기면 백전불태'이다.

상대를 알고 나를 알면 백 번 싸워도 위태롭지 않다는 뜻인데, '불태'는 이기고 지는 것보다 손실을 덜 보는 것이 더 중요함을 말한다. 전투에서 승리하더라도 내가 위태롭게 된다면 장기적으로 좋지 않은 것은 물론, 결과적으로 손해이기 때문이다.
중국 고대 군사학의 명저로 현존하는 가장 오래된 병서(兵書)인 『손자병법(孫子兵法)』에서는 적을 이기는 최선의 방법으로 이렇게 얘기했다.

知彼知己, 白戰不殆(지피지기, 백전불태)
不知彼而知己, 一勝一負(부지피이지기, 일승일부)
不知彼不知己, 百戰必敗(부지피부지기, 백전필패).
상대를 알고 나를 알면
백 번 싸워도 위태롭지 않다.
상대를 알지 못해도 나를 알면
한 번은 이기고 한 번은 진다.
상대를 알지도 못하고 나 자신도 알지 못한다면
싸울 때마다 반드시 패배할 것이다.

적과 싸울 때 적의 실정과 나의 처지를 제대로 알아야 하며, 이를 판단할 냉철함도 필요하다는 얘기다.

제12화

책 읽을 시간은 없는데

OO휴게소
같이 들어야지~
푸핫
*노래방 마이크
박수~
고음이 늘었네...
커어...
그럴 줄 알았다...
얼마 후...
부여 도착!
...
자다 깨서 부은 눈
가이드북

三 餘
석 삼　　남을 여

讀 書
읽을 독　　글 서

이 이야기를 하기 전에
한 사람을 소개해줄게.

이름은 동우.
후한 말인 헌제 때부터
삼국시대 위나라 명제 때까지
학자로 활동했어.

동우는 어려서부터 유달리 학문을 좋아해서
늘 옆구리에 끼고 다니며 책을 읽었대.

이건 사족이지만…

『노자』와 『좌전』에 주를 달기도 했는데,
특히 『좌전』에 단 주석이 널리 알려져
당나라 때까지 폭넓게 읽혔어.

그리고 동우가 주석을 쓰면서
붉은 빛깔의 먹*을 사용한 이후로,
'주묵'이 어떤 글에 대한 주석이나 가필,
첨삭을 뜻하게 되었다고 해.
*주묵(朱墨).

그렇게 동우의 명성이 높아지자,

그에게 학문을 배우겠다는 사람들이 각지에서 몰려들었대.

하지만 동우는 그들을 선뜻 제자로 받아들이지 않았지.

왜? 자기 공부할 시간이 줄어들어서?

그런 건 아니었어.
대신 동우는 배움을 청하는 사람들에게,

"먼저 책을 백 번 읽어야만 한다.
그러면 그 뜻이 저절로 드러난다"고 했어.

讀書百遍
읽을 독　　책 서　　일백 백　　두루 편

意自見
뜻 의　　저절로 자　　드러날 현

그만큼 자신이 따로 가르쳐줄 것이 없다는 뜻으로 한 말이야.
학문을 열심히 탐구하면 뜻한 바를 얼마든지 이룰 수 있다는 거지!

아무튼, 이제 삼여독서에 대한
이야기를 마저 해볼까?

어느 날 동우를 좇아 배우려는 사람이,
힘들게 사느라 책 읽을 겨를이 없다며 가르침을 청했지.

그 말을 들은 동우가 말했어.

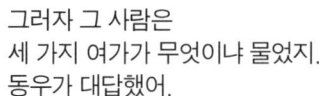
그러자 그 사람은
세 가지 여가가 무엇이냐 물었지.
동우가 대답했어.

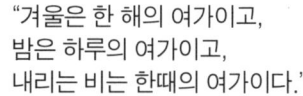
"겨울은 한 해의 여가이고,
밤은 하루의 여가이고,
내리는 비는 한때의 여가이다."

봄 여름 가을 열심히 일하면
겨울이 바로 남는 시간!

새벽부터 열심히 일하면
밤이 바로 남는 시간!

비가 오면 일을 못 하니까
그때가 바로 남는 시간!

결과적으로
동우가 하고 싶었던 말은,

바빠서 시간이 없다고 하지만
일상을 돌이켜보면
책 읽을 시간은 충분하다는 거지.

그건 그래요. 중1 때도, 남는 시간은 비슷했는데도 책을 더 많이 읽었으니까….

그리고 현실적인 얘기는 하기 싫지만…

독서기록도 입시에 필요하잖아.

그날 저녁, 숙소

엄마, 오늘 계속 책 읽으라고 하셨잖아요.

사실 추천해주셨던 책들을 괜히 안 본 게 아니라, 정말 여유가 안 났어요.

그랬어?

시간 내서 책을 읽어라.
맞는 말인 건 알아요.

근데 시간을 내면,
솔직히 그 시간에
공부를 하거나 숙제를 하죠.

하루 종일 공부하고 나면
지쳐서 뭘 읽는 것 자체가 피곤해요.

학년이 올라갈수록, 한자리에 앉아서
책을 읽을 정도로 마음에 여유가
나지 않기도 했고요.

『논어』를 보면,
"옛것을 익히고 새것을 알면
남의 스승이 될 수 있다
(溫故而知新, 可以爲師矣)"
라는 말이 나와.

옛 학문을 되풀이하여 연구하고,
현실 문제를 처리할 수 있는
새로운 학문을 이해해야
남의 스승이 될 자격이 있다는 뜻이지.

난 선생님 될 생각 없는데?

스승이 된다는 게 꼭 그런 의미는 아니고,

어떤 경지에 대한 얘기지.

백년, 천년이 지나도
읽히는 책은 이유가 있어.

시대를 거치며 많은 사람들에게
가치를 인정받아 '고전'이 된 거잖아.

새로운 것들에는,
고전의 가치를 알아야
이해할 수 있는 부분도 있겠지.

인간의 삶은 과거나 현재나 미래나
어느 정도 비슷한 부분이 있거든.

그래서 살면서 어려움에 부딪힐 때마다
고전들을 읽어보며 여러 생각을 해보라는 거였어.

과거를 알아야 새로운 미래를 살아갈 수 있으니까 말이야.

세상은 빠르게 변하니까,

니희가 살아가는 세상은 엄마가 살아온 세상과는 또 다르겠지.

하지만 어른으로서, 가족으로서 엄마의 역할은

내가 배우고 느낀 것들을 너희에게 가르쳐주는 거라고 생각했어.

변하지 않는 진리라는 건 분명 존재하거든.

그런 것들을 전해주고 싶었어.

'독파만권 행만리로'라고,
엄마는 자라면서 계속 그런 얘기를 들었거든.

讀破萬卷
읽을 독   깨트릴 파   일만 만   책 권

行萬里路
다닐 행   일만 만   거리 리   길 로

명나라 말기의 서화가 동기창은,
글씨와 그림에서 향기가 나려면

만 권의 책을 읽고
만 리의 여행을 해야 한다고 했어.

"화가에게는 6가지 법식이 있는데,
첫 번째가 '기운생동(氣韻生動)'이다.

기운(氣韻)은 배울 수 없고
태어나면서 알게 되는 것으로
천부적인 것이다.

그러나 또 배움으로 얻을 수 있는 것이 있으니,

만 권의 책을 읽고 만 리의 여행을 다니며
가슴속에 담긴 속세의 티끌과 더러움을 털어버리면,
저절로 언덕과 골짜기가 마음속에 만들어진다."

"윤곽과 경계가 이루어져
손을 따라 그려나갈 수 있게 되니

모두 산수(山水)가 살아 움직이듯
생생하게 되는 것이다."

읽고서 체험하는 그 과정을 거쳤기 때문에
산수를 생생하게 담을 수 있다는 얘기야.

엄마가 책을 읽으라고 한 이유는 이거였어.

해보지 못했거나 하기 어려운 경험을 책을 통해 배우고, 할 수 있는 경험은 실제로 체험하면서 자신의 세상을 넓혀가는 거지.

에이, 엄마! 그런 걸로 걱정할 필요 없어!

요즘은 게임도 많고, SNS도 얼마나 잘돼 있는데.

별떡!

의심...
...그거 다 단순한 오락 아니야?

아니야!!!

305

글이 그림이나 영상보다 직관적이지 않고 어렵게 느껴지는 건 맞아.

하지만 그렇기 때문에, 글을 이해하고자 노력하게 되고 반드시 생각을 하게 돼.

생각을 해야 세상을 보는 눈에 깊이가 생기잖아.

후기 1.

안녕하세요.
각색, 일러스트를 담당한
장세희입니다!

이 후기를 보고 계신다는 건
저희가 작업을 잘 마무리하고
출판이 되었다는 거겠죠?

항상 이말을 꼭 쓰고 싶었는데 드디어 써보네요

이 책을 언제 작업했는지에
대해서 말하고 싶었는데,
하도 오래되어 이제는
시작 시기가 기억이 나지 않는군요.

이 책의 시작은 고등학교 때,
하교하는 차 안에서 엄마가
해주신 이야기였습니다.

그때 들었던 이야기 중 기억나는 건
화살을 맞고 선 채로 죽었다는
항우의 이야기입니다.

워낙 드라마틱한 이야기를 좋아해서...

근데 그때 해주셨던
조언은 기억이 나지 않네요….

출판사에서 만화로 만들자고 제안해주셔서
참여할 수 있었습니다.

동생

그때 당시만 해도 만화를 그리는 법을 몰라서
동생이 편하게 작업할 수 있도록
글 콘티와 식자를 해주겠다고만 했었죠.

《아가씨와 유모》로
먼저 데뷔했습니다!

저는 몰랐습니다….
책보다 제가 먼저 웹툰
작가로 데뷔할 줄은….

이 책은
먼저 엄마에게 편지 형식의 글과
고사성어에 대한 설명을 받아

그걸 글 콘티로 옮기는
작업을 했습니다.

타닥 타닥

그다음 동생의
그림 콘티가 완성되면
1차 식자를 하고,
완성본의 2차 식자를
수정하는 역할을 했죠.

이따금 동생이 '분위기를 잘 연출하려면 이 부분은 언니가 그려야 한다'며 넘겨주면 해당 부분에 동양화를 참고해 일러스트를 그렸고요.

본래 전공은 펜화인데…
어쩌다 보니… 하게 되었습니다.

사람은 하고자 하면
할 수 있더군요….

가족끼리 책을 내는 건 처음이라
정말 별의 별 일이 다 있었고…

여러 일을 겪은 뒤에
책이 나오니,

집에 막내가
한 명 더 생긴 기분입니다.

저와 동생이
고등학교와 대학교를 다니며 생각한
여러 의문들에 대해
최대한 해답이 되기를 바라며
만들었습니다.

모든 문제에 답이 존재하는 것은 아니지만,
여러분의 답답한 부분을 뚫어주는 책이 되면 좋겠습니다!

마지막으로 이 책을
출판해주신
출판사 관계자 분들께
감사드립니다!

이 책을 읽는 모든 분들께도 감사드려요!
행복한 하루 되시길 바랍니다!

후기 2

장태희

안녕하세요. '말랑쫀득 고사성어'에서 그림을 맡은 장태희입니다.

책을 읽어주셔서 진심으로 감사드립니다. 즐거운 독서 시간이셨기를 바랍니다.

책의 표지에는 작가들의 역할이 구분되어 있지만,

실제로는 큰 구분 없이 세 명 모두가 발벗고 나서서 완성했습니다.

어머니의 글에 저희가 의견을 내기도 하고,

언니의 글 콘티를 제가 수정하기도 하고

*그래서 개그 코드가 전부 제 취향입니다

만화의 연출을 언니가 수정해주기도 했습니다.

특히 8화 연출에 많은 도움을 받았습니다

의복 등 시대적 고증을 위해 어머니가 매번 실시간으로 자료를 찾아주셨고

글, 글 콘티, 만화… 모든 단계에서 회의도 많이 했지요.

저희가 많이 고민하고, 또 의견을 나누었던 것은 그만큼 좋은 책을 만들고 싶었기 때문입니다.

어린 시절 어머니와 함께 산책하면서
중국의 사대미인이 어떤 사람들이었는지,
또한 그들이 어떻게 역사와 주변인들에게 이용되었는지
이야기를 들었던 것이 기억납니다.

그날의 기억이
저를 이루는 수많은
조각 중 하나가
되어준 것처럼,
'성어'뿐 아니라
'고사'를 통해
삶에 필요한 생각들을
차근차근
전하고 싶었습니다.

물론 시행착오도 많았고
좋은 이야기란 정말 어렵다는 것을
절절히 느꼈습니다만,

저희의 이런 노력들이,
여러분에게 작게나마 힘이, 희망이, 위로가
되기를 바랍니다.

주인공 가족은 저희 가족에서
모티브를 따온 부분이 일부 있지만,
거의 대부분을
새로 만들어낸 인물들입니다.

그만큼 현실적인 부분이나,
공감되는 모습들이
부족할까 싶어 걱정도 됩니다.

그래도 진이, 윤이, 엄마, 아빠라는
사랑스러운 인물들을
그릴 수 있어 즐거웠습니다.

언제나 우리집을 따뜻하게
만들어주시는 아버지와
귀여운 막내!

정말 고맙습니다.

책이 나올 수 있도록
도와주시고 기다려주신
출판사 관계자 분들과,
옆에서 함께 고생해주신
박소진 담당자 님께도
감사의 말씀을 전합니다.

또한, 이 책을 끝까지
읽어주신 여러분께도
다시 한번 감사드립니다.

언제나 소소하더라도
행복이 가득한 날들
되시길 바랍니다.

2023년 2월, 장태희 드림.

말랑한 가족의 쫀득한 만화 고사성어

2023년 2월 21일 초판 1쇄 찍음
2023년 3월 10일 초판 1쇄 펴냄

글 노은정
각색·일러스트 장세희
그림 장태희

펴낸이 정종주
주간 박윤선
편집 박소진 박호진
마케팅 김창덕

펴낸곳 도서출판 뿌리와이파리
등록번호 제10-2201호(2001년 8월 21일)
주소 서울시 마포구 월드컵로 128-4(월드빌딩 2층)
전화 02)324-2142~3
전송 02)324-2150
전자우편 puripari@hanmail.net

디자인 공중정원
종이 화인페이퍼
인쇄·제본 영신사
라미네이팅 금성산업

값 18,000원
ISBN 978-89-6462-187-5 (03700)